인도는 이야기다

鄭仁采

조갑제닷컴

contents

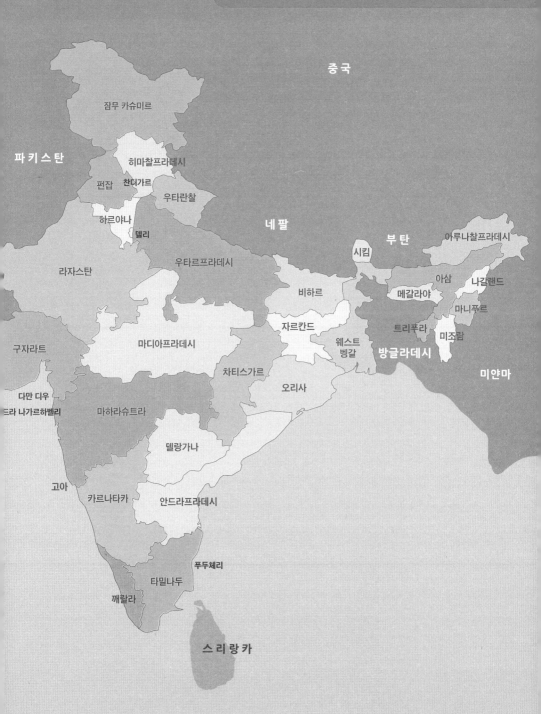

오늘의 인도 (29개 주, 7개 연방 직할지)

중국

잠무 카슈미르

파 키 스 탄

히마찰프라데시

펀잡   찬디가르

우타란찰

네 팔

부 탄   아루나찰프라데시

시킴

하르야나

델리

라자스탄

우타르프라데시

비하르

메갈라야   아삼   나갈랜드

마니푸르

자르칸드

웨스트
벵갈

트리푸라   미조람

방글라데시

미얀마

구자라트

마디아프라데시

차티스가르

오리사

다만 디우
드라 나가르하벨리

마하라슈트라

델랑가나

고아

카르나타카

안드라프라데시

푸두체리

타밀나두

깨랄라

스 리 랑 카

일곱 번째 마누와 비슈누의 화신

마누

인도인의 선조(先祖)로 마누 법전을 만든 인물이다. 현 시대의 최초 인간으로 여겨지며 일곱 번째 마누인데, 첫 번째 마누는 브라흐마의 아들이었다. 첫 번째 마누부터 스바얌부바, 스바로키샤, 우타마, 타마사, 라이바타, 차크슈사를 거쳐 현 시대의 마누 바이바스바타에 이른다. 방주에 오른 그는 원래 드라비다의 왕이라고 전해진다.

마치야

유지(維持)의 신 비슈누의 물고기 화신(化身)으로 대홍수 속에 마누를 구원한다.

누구의 방주(方舟),
반만 년의 이야기 속으로

"때가 되었습니다. 서둘러요. 어서!"

쉼 없이 폭풍우가 휘몰아쳤다. 범람한 강과 바다는 순식간에 뭍을 잠식하고 육지와 바다의 경계는 속절없이 허물어진다. 대홍수, 종말… 무엇으로 불러도 좋다. 바야흐로 모든 것이 소멸되는 순간이다.

한편 그건 모든 것의 재(再) 시작이기도 하다. 대재앙 속에 살아난 자가 있었다. 그에겐 이미 예견된 일… 그는 대비가 되어 있었다. 대홍수가 시작되자 미리 마련해둔 배를 띄우고 거친 물살을 헤쳐 세상에서 가장 높은 산 중턱에 다다른다. 그는 세상의 종말과 마주한다. 발 아래 모든 것이 휩쓸려 떠내려가고, 한때 세상의 지붕이던 곳들은 다도해의 외로운 섬처럼 점점이 떠 있을 뿐이다. 이제껏 보고 들은 적 없는 참혹한 광경이다. 생존을 확신한 이후에야 안도의 한숨을 내쉬지만 떨리는 숨결을 주체할 수 없다. 눈앞의 풍경과 달리 바싹 마른 입술은 타들어간다. 지난 일이 주마간산으로 떠오른다.

어느 날 그는 강에서 멱을 감으며 기도를 드리고 있었다. 두 손 모아 강물을 훔치는데 손바닥 위로 작은 물고기 한 마리가 들어왔다. 그대로 놓아 주려던 찰나 물고기는 그에게 말을 걸었다. 자신을 이대로 보내면 큰 물고 기에게 먹히니 자비를 베풀어 거두어 달란 것이었다. "백골난망 그 은혜는 꼭 갚겠습니다."

만물의 생사는 자연의 섭리지만, 물고기의 간청을 외면할 수 없던 그는 물고기를 데려가 어항에 넣고 정성스럽게 보살펴 주었다. 물고기는 자라 연 못으로 옮겨졌고, 더 크게 자라 어느새 바다로 돌아가게 되었다. 돌아가는 날, 물고기는 그에게 당부했다.

"큰 배를 준비해 두세요. 곧 요긴하게 쓸 일이 있을 겁니다. 아울러 현인 (賢人)들을 모시고 모든 종(種)의 암수 표본을 골라 두세요. 때가 되면 그 들을 배에 태우면 됩니다. 갈 길은 배가 스스로 인도할 것입니다."

그리고 얼마 뒤, 거짓말처럼 대홍수가 세상을 덮쳤다. 아수라장이었다. 그가 몸을 실은 배 밑으로 남녀노소, 인간과 금수, 생물과 무생물 할 것 없 이 모든 존재가 눈앞에 스러져 갔다. 돌이킬 수 없는 리셋 버튼을 누른 듯 자비란 없었다. 배는 폭풍우 속에 휩쓸리며 심하게 요동쳤다. 이대로라면 선상이라고 안심할 수 없다. 그런데 배 위로 치솟은 파도와 대면한 바로 그 때였다. 때마침 돌아온 물고기가 돛을 입에 물고, 표류하던 배의 뱃머리를 직접 끌기 시작했다.

어딘가 익숙한 이야기다. 인도인이 아닌 이상 자칫 다른 방주(方舟)에 탈 수도 있겠다. 하지만 이것은 인도에서 전해지는 마누의 신화, 마누의 방 주 이야기다. 다양한 문명이 존재하고 저마다의 신화와 전설을 간직하고 있지만, 그 본질엔 유사한 면이 꽤 많다. 뿌리가 같은 것일까? 어느 시점에 선가 대홍수가 일어나고, 지정 생존자들이 역사를 이어온 것일지도 모르 겠다.

물론 지독한 우연일 수 있다. 서로 아는 사이라면 방주를 좀 빌려 써도 좋았겠단 허튼 상상을 해보지만, 결국 풀면 풀수록 꼬일 퍼즐이다. 고증될 수 없을 아득한 이야기니 이내 한계에 부딪힐 것이다. 반면 명확한 건 지금은 다르단 점이다. 대륙이 이동하고 바다와 강물의 흐름이 변하듯 인류의 이야기도 이미 많은 길로 갈라졌다. 그것이 문명의 차이다. 지금에 이르러 섣불리 일반화할 수 없을 것이다. 다른 건 다르다. 다만 심중에 부유(浮遊)해온 말을 조심스레 꺼내길, 인도라고 생각만큼 다르고 멀지 않다는 걸 얘기하고자 마누의 신화를 화두(話頭)로 삼는다. 처음 만나는 친구로부터 공통의 관심사를 찾듯….

한편 마누의 신화가 독특한 건 아바타르(化身)의 개념인데, 신의 화신(유지의 신 비슈누의 첫 번째 화신)인 물고기(마치야)가 나타나 마누를 구원한 것이다. 인도를 이해하는 데 중요한 화신에 대해서는 이어지는 이야기를 통해서도 계속 다루게 되겠으나, 간단히 말해 신이 구체적인 형상을 가지고 이 세상에 재림하는 것이다. 마누 역시 대대로 재림해온 존재다. 인도에서 마누는 최초의 인간, 인류 문명을 건설하고 통치한 인물인데, 인도에선 세상이 일정한 시기를 두고 일련의 창조를 되풀이하고, 이때마다 각기 다른 마누가 나타난다고 말한다. 그중 현 시대를 창조한 것이 바로 대홍수 이후의 일곱 번째 마누(첫 번째 마누는 창조의 신 브라흐마의 아들)다. 화신과 더불어 윤회와 환생을 믿는 인도인데, 세상, 신, 최초의 인간 모두 돌고 돈다.

또한 하나가 끝이 나야 다음이 시작되니 종말이란 곧 새로운 시작이다. 이에 대해선 불교를 통해 들어온 개념과 동일하다. 윤회의 사슬을 끊고 해탈하여 구원되기까지 업을 쌓아나가며 환생을 거듭한다.

방주에 오른 마누를 데려간 곳은 다름 아닌 '신들의 거처' 히말라야다.

남인도에서 단번에 북상해 히말라야(함타 산)에 닻을 내린다[1]. 폭풍우가 잦아들고 점차 물의 수위가 낮아지자 마누 일행은 배에서 내려 지금의 마날리로 향한다. 마누는 그곳에 거처를 정했는데, 마날리란 지명의 유래도 거기서 비롯된 것이다. 마누가 이곳에 정착했다고 믿어 마누의 집이 남고, 마누 사원이 세워져 있다.

이로써 또 한 세상의 시작이다. 종말과 탄생의 연결점에서 마누는 새로운 문명을 창조해나갈 과업을 이어받는다. 그런데 이걸 어쩌나… 여자를 방주에 태우지 않은 것이다. 어떻게 홀로 인류의 자손을 낳을 수 있단 말인가? 가끔 고독이 예술의 촉매제가 될 때는 있으나, 가장 섬세한 예술인 인간까지 창조해낼 순 없다. 자칫 중요한 과업의 완수가 어려울 수 있었다. 그런데 마누에겐 특별한 능력이 있었다. 생각한 대로 빚어 만들어 낼 수 있던 그는 의식을 통해 여인을 만들어 낸다. "네 이름은 슈라다다. 이제 넌 나와 인류를 창조해 나갈 것이다." 아담과 이브처럼 인도 신화엔 마누와 슈라다가 있다. 둘은 부부의 연(緣)을 맺는다.

대홍수, 방주, 아담과 이브… 익숙함의 연속이다. 조금 더 나가면 거북이와 까치의 보은(報恩) 같은 설화도 연상된다. 하지만 이게 끝은 아니다. 심지어 서구 과학 이론과도 일맥상통하는데, 물고기(마치야)는 비슈누의 첫 번째 화신이다. 이어 거북이(쿠르마), 수퇘지(바라하), 반인반수(半人半獸·나라심하) 순으로 화신이 등장하니, 점차 물에서 뭍으로 향한다. 화신도 흡사 진화론과 닮은 것이다. 억지나 우연으로 볼 수도 있으나 분명 의미심장하다.

마누는 인류의 1막 1장을 다시 써내려간다. 그는 법전(法典)을 남긴다. 아

---

1. '쿠트' 약초에 닻을 맸다. '쿠트'는 지금도 전통 의학에서 쓰는 약초다. 닻을 뱀에 묶었다는 설도 있다. 오래된 이야기가 그렇듯 마누 이야기는 여러 버전으로 전해진다.

니 그가 남긴 것이 훗날 정립되었다. 사회 전반에 관한 일련의 규정이다. 이때부터 사회는 크게 네 부문으로 나뉘어 사제와 학자는 브라만, 무사와 정치인은 크샤트리아, 상인은 바이샤, 그 외는 수드라로 구분된다. 이러한 구분은 곧 사회의 근간을 이룬다. 그것이 곧 '마누 법전'이다. 이로써 그는 신화 전설을 넘어 역사의 존재가 된다. 인도 역사에서 마누를 빼놓을 수 없고, 인도인들은 스스로를 마누의 후손으로 여긴다.

오늘날의 눈으로 마누 법전은 카스트의 원흉이라며 비난받기도 한다. 그러나 과거를 오늘의 잣대로 판단하는 건 무리가 따른다. 2000년 지난 법전[2]이고, 그것이 한순간 정립되었을 리도 만무하다.

한편 신화는 이제 역사의 단계로 접어든다. 혹은 그 이전까지의 역사란 너무 오래 되어 신화와 전설 속 이야기로밖에 남을 수 없었던 것이리라. 아무튼 구전(口傳)되던 이야기는 기록되고, 기록된 이야기는 정리된다. 그 속에 담긴 사상과 철학은 인도인의 정신세계를 구축해 하나의 문명을 이룩한다. 그러므로 인도의 본질은 이야기라고 볼 수 있다. 그 흥미로운 이야기의 일부를 모아본다.

우리가 환인의 손자이자 곰(웅녀)의 아들 단군을 이야기하듯, 인도는 신(神), 생선 그리고 마누 신화부터 이야기했다. 이것이 (적어도 이번 세상에서는) 반만 년 역사의 인도 문명, 인도 이야기의 시작이다.

이야기는 인도의 안방 문을 여는 열쇠다. 분명 있긴 있는데 잠기면 곤란하고 찾으려면 잘 없다. 때때로 낯설고 허무맹랑하게 보이더라도 이어지는 이야기들에서 먼 것이 아닌 가까운 것, 다른 것이 아닌 유사한 것에 보다 주목해주길 당부한다.

---

2. 현존하는 건 기원 전후에 쓰인 것(기원전 200~기원후 200)이다.

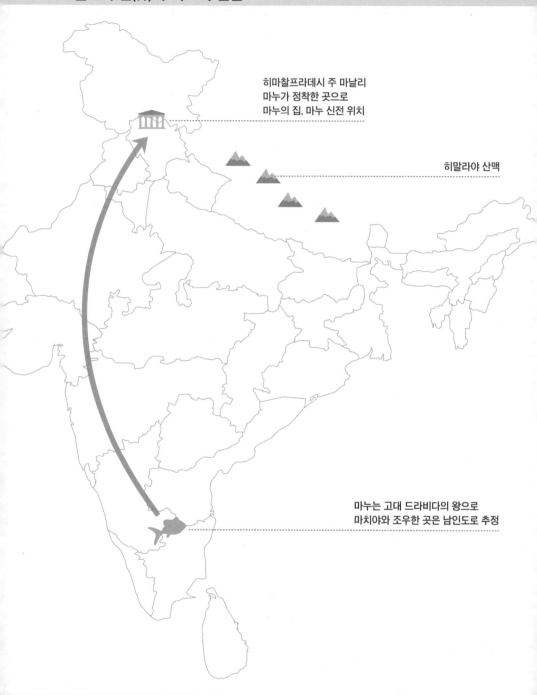

히마찰프라데시 주 마날리
마누가 정착한 곳으로
마누의 집, 마누 신전 위치

히말라야 산맥

마누는 고대 드라비다의 왕으로
마치야와 조우한 곳은 남인도로 추정

CHAPTER
1

神 나라

○ 힌두교의 삼주신(三主神)

브라흐마

창조의 신으로 우주의 근본적 원리다. 지고(至高)의 존재 브라만을 상징한다. 삼주신의 다른 두 신에 비해 추상적이고, 신화에 따라 비슈누와 시바에 밀려 창조신의 자리를 내주기도 한다. 창조 이후 관여하는 바가 적으니 다른 두 신에 비해 주목도가 낮다. 우주 창조의 신인데 스스로는 어떻게 탄생했냐는 의문은 마누 법전에서 설명되는데, 인지(認知)할 수 없는 태초의 우주의 암흑에서 스스로 에너지를 발산해 태동한 것이 바로 브라흐마라는 것이다. 브라흐마는 흔히 스바얌브(스스로 태어난 자)로 불리고, 그를 표현하는 다른 명칭들도 모두 창조와 연관되어 있다. 이처럼 브라흐마는 보다 관념적인 형태의 신에 가깝다. 그 배우자는 예술과 학문을 관할하는 사라스바티 여신이다.

비슈누

우주 유지에 관련된 일을 관할하며 인도의 신화 전설, 고대 역사에 이르기까지 여러 화신으로 등장한다. 마치야(물고기), 쿠르마(거북이), 바라하(수퇘지), 나라심하(사자 머리의 반인반수), 바르나마(난쟁이), 파라슈라마(도끼 든 성자), 람(이상적인 성군으로 대서사시 〈라마야나〉의 주인공), 크리슈나(대서사시 〈마하바라타〉, 〈바가바드기타〉의 조정자), 불교의 고타마 붓다 순으로 꼽는다. 이미 아홉 번을 화신했고, 마지막 열 번째로 칼키가 등장해 인류를 구원하고 정의를 회복할 것으로 본다. 힌두교 중 그를 숭배하는 것이 '비슈누파'다. 그 배우자는 부(富), 지혜, 관용의 여신 락슈미다.

시바

파괴와 재창조의 신이다. 열 개의 팔, 네 개의 얼굴을 가졌으며 눈은 세 개다. 생식과 뱀을 관장하며 무한한 시간을 주무른다. 그의 상징물로는 링가(男根像·남근상)와 뱀 등이 있다. 여러 가지 이름으로 불리며 바이라바는 그의 분노한 화신이다. 그를 최고신으로 숭배하는 것이 '시바파'다. 그 배우자로는 사티, 파르바티, 두르가(내면의 惡에 대한 善의 승리를 상징하는 여신), 칼리(파괴의 여신)가 있다. 시바와 파르바티 사이의 자식이 재운(財運)을 관장하는 가네샤(코끼리 신)다.

신(神)의 가계도

"내가 제일 잘났어!"

"무슨 말이야? 내가 너보다 잘났지!"

서로 잘났다고 티격태격, 얼핏 보면 여간 유치한 게 아니다. 낯 뜨거워 못하거나 하더라도 정말 친밀한 사이, 동기간에나 싱겁게 주고받을 농이다. 혹은 맨날 보니 딱히 새로운 얘깃거리도 없을 때 안주 삼는 듣거나 말거나 하나마나한 소리다.

한편으로는 은밀한 혼잣말(속마음)을 들킨 것 같아 흠칫한다. 은근 진심 반 농담 반 자존감을 위한 자기 최면이랄까? 그런데 이런 대화가 전혀 가볍지 않은 때가 있다. 무거운 정도가 아니라 무서워 온 세상이 오금을 저리며 바들바들 떨게 된 언쟁이다. 천지가 격동할 사건이다. 누가 더 잘났나? 그건 바로 신들의 자존심 싸움이다.

(인도의 관점에 따르면) 최초의 인간 마누가 지금의 세상을 창조했지만, 그 바탕이 되는 우주는 신의 관할이다. 그들의 싸움을 관전하기에 앞서 인도의 신계(神界)를 엿봐야 재미있다. 인도의 힌두교는 궁극의 다신교다. 많

게는 약 3억의 신을 모신다고도 한다. 외형만 보고 이야기할 경우 매우 복잡해 보인다. 문화적 거리감도 크다. 신, 인간, 자연, 동물 등 언뜻 안 믿는 대상이 없고 숭배를 남발하는 듯하니, 입장에 따라서는 그 믿음이란 무엇인지 내용을 한 번 살펴보기도 전에 외면할 가능성도 없지 않다. 흥미를 더하자는 의도에서 '3억의 신이 사는 나라'라고 소개했다가 의도치 못한 역효과도 초래한다.

하지만 3억의 신계도 가만 들여다보면 그리 복잡하지만은 않다. 오히려 나름의 정교한 체계가 있어 그 거대한 신계는 착오 없이 유지되고 오랜 시간 인도를 다스려왔다. 거대하므로 다듬어지지 않고 난해하다고 보면 오해다.

먼저 3억이라는 '허수'를 걷어내야 한다. 하나의 신이 여러 화신으로 세상에 나타나고, 지역과 언어에 따라 같은 신도 다른 명칭으로 숭배된다. 그 '분신술'을 알면 핵심을 추려낼 수 있다. 주요한 신들이 있고, 주관하는 역할에 따라 인기도 다르다. 신과 여신이 짝을 이뤄 또 다른 신을 낳으니 '혈연관계'고, 신화와 전설, 경전 속에서 묶인다.

우주의 비밀이 창조, 유지, 파괴에 있듯 힌두교의 주요 신들 또한 우주의 창조, 유지, 파괴(재창조)를 분담한다. 이들이 3대 신(삼주신)이다. 브라흐마는 우주를 창조하고, 비슈누는 그 창조된 우주를 관할하여 유지한다. 그러므로 마누 신화에서 인류를 구원한 건 비슈누의 영역이었다. 그는 세상의 이런저런 일들을 관장하니 바쁘고 할 일도 많다. 장시간에 걸쳐 여러 곳에 다양한 화신으로 나타난다. 창조신이지만 브라흐마는 한 번 할 일을 하고 나면 딱히 관장하는 업무가 없다. 그러니 비슈누의 인기가 많은 편이다. 또 하나의 주요 신은 죽음의 신 시바다. 현생(現生)에서 비슈누를 믿는다면 내생(來生)은 시바 신이다. 마누의 신화에서도 말했듯 파괴는 새로운 시작이다. 파괴에서 재창조까지 그는 그 시간과 에너지를 관장하며 '창조 업무'에도 어느 정도 지분이 있는 셈이다. 모두 전지전능 위대한 신이지만 비슈누와 더불어 시바 신이 브라흐마보다 대중적이다. 재밌게도 큰 나라 인도는 신도 삼권 분립이다. 이들을 중심으로 그들의 화신(분신), 아내, 자식, 자연, 성스러운 동물에 대한 믿음으로 신앙은 확장된다. 지역과 언어별로 같은 신이 다른 이름으로 불리는 건 또 다른 얘기다.

숫자는 상징이다. 신은 많지만 많은 것에 현혹될 필요 없다. 어찌 보면 세상 모든 곳에 신이 존재한다는 의미로 볼 수 있다. 이로써 인도의 신은 체계화된다. 그 많은 신들을 포괄해내니 효율적이고 기발한 체계다. 그러므로 다른 신을 믿어도 서로 연관되어 있고, 모두 같은 틀 안에서 사이좋게 믿으며 상대의 신앙도 존중한다. 불교, 자이나교 등 힌두교와 뿌리를 같이 하는 종교들에 호의적이고, 기독교 등 외부 유입된 종교에도 상당한 포용력을 발휘한다.

큰 덩어리를 하나로 묶는 훌륭한 시스템이란 의외로 단순할 때가 있다. 단순함이 다양함을 하나로 포괄하여 묶는 얼개인데, 인도에선 특히 관심을 둘 대목이다. 유연하면 만사형통이지만 부러질 듯 힘 대 힘으로 대립하면 갈등은 필연적이다. 이것은 인도 역사 속 종교 갈등과 분쟁으로 입증되어온 사실이다. 인도의 종교가 변할 리 없으니 그 다음은 각자의 몫이다. 종교 없이 인도를 이해한다는 건 어불성설(語不成說)이다. 같은 걸 믿어야 할 필요는 없다. 너그러운 마음만 지참하면 된다.

신(神)들의 싸움

그런데 인간이 그렇듯 신도 여럿이 모이면 갈등을 겪는다. 브라흐마와 비슈누는 누가 더 강한지를 두고 다툼을 벌인다. 각기 관할이 나뉘다 보니 서로 영역 다툼을 하는 것이다. 꽤 인간적인 신의 면모가 엿보이는 다신교의 매력이다. 어차피 한 번은 일어날 일이다. 우열을 가려야 한다. 브라흐마가 말한다. "내가 이 우주를 만들었으니 내가 가장 위대한 신이다." 브라흐마는 우주의 창조주로서 자신이 넘쳤다. 자신이 가장 강하다고 생각했다. 하지만 비슈누는 그 생각에 동의하지 않았다. 어느새 곁에 선 비슈누가 혀를 차며 대꾸한다. "무슨 막말을! 만든다고 다인가? 내가 그 우주를 지탱하니 내가 더 위대하다."

브라흐마는 분노하고, 이에 질세라 비슈누는 물러서진 않는다. 언쟁은 싸움으로 번지고, 천지가 요동친다. 누가 더 힘이 셀까? 누가 더 위대할까? 우주 창조자와 우주의 행위자의 대결이다. 인간계에서 둘의 싸움을 지켜보는 건, 마치 낳은 정과 기른 정 사이에 갈등하는 것과 같다. 하지만 아무리 세상이 꺼지도록 싸워도 그들은 쉽게 우열을 결판 내지 못한다. 이러다간 신들이

민폐를 끼칠 상황이다. 싸움에 지친 둘은 합의에 이른다.

"누가 제일 강한지 옛 문헌(베다)에서 찾아보고 결판 짓도록 하자."

"좋다. 그럼 그렇게 하자."

신계(神界)의 〈시빌 워〉다.

그들은 문헌(네 권의 베다)을 뒤지기 시작한다. 그런데 이게 대체 무슨 일인가! 모든 문헌이 둘 다 아니라며 공히 또 다른 한 명의 신을 최강자로 지목하고 있는 것이다. 바로 시바 신이다. "시바가 제일 강하다고? 무슨 이런 말 같지 않은 소리를 하는 것이냐, 산에 살면서 전갈이나 뱀, 해충을 몸에 두르고 다니는 놈보다 내가 못하단 말이냐?" 브라흐마는 자만하여 외친다. 하지만 잠귀에도 욕은 잘 들리는 법이라고, 브라흐마의 오만한 비방에 시바는 단잠에서 깨고 만다. 잠자는 사자의 코털을 건드리고야 만 것이다. 격분한 시바의 세 번째 눈이 열리며 흉포한 화신으로 변했다. 어지간히 진노하지 않고는 뜨지 않을 눈이다.

승부는 순식간에 결판났다. 시바는 새끼손가락을 휘둘러 브라흐마의 얼굴을 단번에 베어냈다. 오직 손가락 하나로 충분했다. 그나마 브라흐마가 다섯 개의 얼굴을 가지고 있던 건 천만다행이었다. 그 다섯 번째 얼굴은 평소 하늘을 향하며 '내가 최고다. 내가 가장 강하다'는 자부심을 상징했는데, 시바는 정확히 그 얼굴을 잘라낸 것이다. 이후 브라흐마는 남은 동서남북 각기 한 방향씩을 바라보는 네 개의 머리만 남게 된다.

이 싸움에 관해 또 다른 이야기도 전해진다. 브라흐마와 비슈누가 힘을 과시하며 한창 다투자 우주는 멸망의 위기에 처하고, 그 순간 둘 사이로 시바의 표식인 링가(남근상)가 떠올랐다. 그리고 시바는 우주의 비밀을 누설한다. "아무 것도 존재하지 않는 암흑 속에 나 시바와 나의 부인 사티가 있었다. 사티를 기쁘게 하고자 내가 '옴' 하고 읊조리자 거기서 에너지가 생성되

힌두교 3대 신(왼쪽부터 브라흐마, 비슈누, 시바).

었고, 그 에너지로 암흑이 물러가고 우주가 창조되었다. 그 에너지와 함께 시간이 시작되었다."

물론 나머지 신들이 쉽게 굴복할 리 없다. 링가의 시작과 끝을 본다면 시바를 넘어 가장 위대한 신으로 군림할 수 있기 때문이다. 하지만 아무도 그 시작과 끝에 달하지 못한다. 비슈누는 거북이로 변해 링가의 뿌리로 내려가지만 그곳의 빛과 에너지가 우주의 근원이라는 걸 깨달을 뿐 결국 지쳐 그 시작을 보지 못한 채 돌아왔다. 그가 멈춘 곳에서도 링가는 아직 까마득하게 이어지고 있었던 것이다. 반면 브라흐마는 새로 변해 꼭대기를 올라가보려 했다. 그러나 그 역시 끝을 보는 데 실패한다. 그는 한참을 날아오르다가 내려오는 한 줄기 꽃과 마주친다. "어디서 왔는가? 어디까지 이어지는가?" 그러자 꽃은 무한한 곳에서 줄곧 내려오기만 했다고 답한다.

무한한 것은 곧, '무(無)', '무한(無限)한 시간'을 의미한다. 결국 무한을 향한 무모한 여정이었다. 시작과 끝을 향해 떠났던 브라흐마, 비슈누는 오랜 시간이 걸려서야 결국 실패를 깨닫고 돌아왔다. 시간의 시작과 끝은 시바 신이다. 비슈누가 먼저 고개를 숙이며 시바를 칭송한다. "당신이 진정한 우주의 창조자이십니다." 이에 시바도 화답한다. "이 우주가 존재하는 이상 모두가 그대를 받들어 모실 것입니다."

반면 브라흐마는 쉽게 굽히지 않는다. 이에 분노한 시바는 그 자리에서 링가를 열두 조각으로 자른다. 이 끝없는 링가(죠티르링가)[1]가 나뉠 때 한 조각은 하늘, 다른 한 조각은 지하로 사라지고 남은 조각들은 지상에 떨어진다.

그 조각 가운데 하나가 떨어진 곳이 바로 우자인이다. 우자인(아반티)은 인도에서 가장 오래고 중요한 성지 가운데 하나로 꼽힌다. 링가를 모신 곳은 마하칼레슈와르 사원이 있다. 화장터에 세워진 이 사원은 18세기 만들어졌고, 매일 링가를 장식하는 의식이 이뤄진다. 재에서 태어나 재로 돌아가듯, 시바는 시신(屍身)이 불에 타고 재가 날리는 화장터에 산다. 재는 시바의 옷이자 거처이자 생명이다. 과거엔 화장터의 재를 시바에게 바쳤지만 지금은 소똥을 태우고, 링가를 우유와 커드로 씻은 후 그 재를 발라 링가를 장식한다.

우자인은 또한 대대로 시간을 계산하던 곳, 시간의 중심지였다. 이곳의 계산이 유효해 지금도 이곳에 세워진 옛 천문대는 힌두력의 주요 날짜 및 길일을 정하는데 쓰임새가 있다. 시간은 모든 것의 시작이자 끝이다. 끝과 시작이 곧 시바 신이다. 시바가 마하칼라로도 불리는 이유는 시간 때문이다. 시바는

---

1. 죠티르링가의 '죠티'는 빛을 뜻하며 '빛의 기둥'을 의미한다.

바라나시 갠지스 강변의 가트.

무한한 시간을 다스려 우리를 다시 창조자 브라흐마에게 돌려보낸다. 재창
조에 관한 것이다. 그런 흔적이 남은 우자인이기에 우주의 중심으로 여겨지
며 경전에도 등장한다.

　신화는 다양하게 전해진다. 링가가 나타난 곳이 우자인이라면, 브라흐마의
목이 달아난 사건은 또 다른 시바의 도시와 연결된다. 바로 바라나시(바라나
스, 카슈라고도 함)다. 바라나시는 긴 세월이 흐르며 다양한 이름으로도 불
릴 만큼 유서 깊은 도시다. 세상에서 가장 오래된 도시라고도 한다. 멸망의
날이 와도 이곳만은 건재할 것이라고 하던가? 힌두교의 중요 성지이자 영적
(靈的) 수도로 일컬어진다. 이곳은 모든 죄를 용서받는 장소다. 바라나시에서
바라는 죄를 뜻하고, 나시는 파괴를 뜻하는데, 말 그대로 죄를 사(赦)하고
구원을 얻는 곳이다. 인도인들이 평생 가보길 소망하며 죽음에 이르면 화장

되고 싶은 곳이다. 영험하고도 음산한 기운이 감도는 곳이다. 바라나시가 그런 까닭은 시바가 브라흐마에게 저지른 일과 밀접한 관계가 있다.

홧김에 브라흐마의 목을 자른 후 시바는 살인 사건의 용의자로 몰려 도망자 신세가 된다. 아무리 전지전능한 신이라도 죄를 면할 수 없다. 브라흐마의 머리를 베었으니 (아직 머리가 네 개나 남았다고 해도) 살인이고, 게다가 브라흐마를 죽인 것이니 브라만을 살생한 것이다.

사건 이후 한 여자가 그를 뒤쫓기 시작한다. 삼계(三界)를 오가며 도망쳐도 물리칠 수 없을 만큼 끈질기고 지독하다.

"이 잔혹한 살인자, 거기 서!"

"가, 저리 가, 제발 사라지란 말이야!"

하지만 치러야 할 대가다. 속죄해야 하고, 그건 죽음의 신도 마찬가지다. 최고 신도 죗값을 치른다. 다만 가장 위대한 신은 그 누구도 대신 벌해줄 수 없다. 스스로 혹독한 벌을 내린다. 시바는 브라흐마의 목을 자른 후 그 해골을 손가락에 끼웠다. 그리고 모든 부정적인 에너지를 모아 자신을 징벌할 화신을 만들어 냈다. 징벌자인 카팔리(브라흐마 카팔리)다. 즉, 이제까지 스스로 만든 추격자에 쫓겨 다닌 꼴이다. 도망자이자 추격자니 떨쳐낼 수 없는 건 당연하다.

"넌 어디로도 갈 수 없어. 난 네 안의 증오고 환멸인데, 어디로 사라지라는 거냐? 속죄해라. 오로지 그 길뿐이다."

한바탕 추궁과 변론으로 아우러진 자아(自我) 재판이 열린다.

"그건 정의로운 일이었어. 오만함을 벌한 거야."

"아니, 정의를 위한 살인도 살인이다. 그 대가는 치러야 해. 거부하면 넌 끝내 평온을 얻지 못할 거야. 어딜 가든 난 너를 쫓아다닐 거야."

"난 시바고, 죄를 초월한 자야!"

"나 또한 너의 화신(化身)이야!"

이토록 자신에게 엄격할 수 있을까? 자아비판의 끝판으로 마치 〈파이팅 클럽〉에서 본 듯한 자아분열이다. 무려 12년간 속죄의 혼령이, 무거운 살생의 괴로움이 그를 뒤쫓았다. 시바는 좌절하여 묻는다.

"이 죄에서 어떻게 해야 벗어날 수 있습니까?"

비슈누는 인도 어느 곳에나 있지만 시바는 그렇지 않다. 구원을 얻을 곳은 오직 한 장소뿐이었다. 그곳이 바로 바라나시였다. 어디를 가나 따라오던 죄의 그늘도 그곳에서만큼은 그를 쫓아오지 않았다. 바라나시에 이르자 떨어지지 않던 해골 반지가 바닥에 떨어졌다. 마침내 해방된 것이다.

"이곳에 머물고 이곳을 지킬 것이다. 허락 없인 누구도 이 도시에 들어오지 못한다."

오랜 영적 중심지인 바라나시엔 순례 코스가 있다. 갠지스(강가) 강에 목욕을 재계(齋戒)하고 시바의 화신인 칼라 바이라바[2]를 예방하는 것이다. 그 앞에 고해하고 속죄한다. 그래야 순례가 완성되고 모든 죄를 사해 구원받는다는 믿음이 있다. 일종의 규칙처럼 지키지 않을 경우 바라나시에 오래 머물 수 없다고도 한다.

오랜 사원과 갠지스 강의 가트(강둑), 화장터엔 매일 전국의 순례자가 모여든다. 사람들은 윤회의 사슬을 끊고 해방되기를 바란다. 다른 지역의 화장터에선 세속적 애착 탓에 영혼이 환생하지만, 바라나시의 화장터에선 윤회의 사슬을 끊고 해방될 수 있다고도 믿는다. 또한 다른 곳에서 구원받지 못할 사람도 이곳에선 시바가 구원해준다고 여긴다. 이곳은 시바의 도시다.

---

2. 바이라바는 시바의 분노한 형태(화신)다. 한 명이 아닌 여덟 명의 바이라바가 바라나시를 지키고, 칼라 바이라바는 그중 최고위의 화신이다.

아내들의 아바타르

"오 그대, 정말 그대가 맞나요? 아직 절 기억하시나요?"

남자는 말없이 고개를 끄덕인다. 믿을 수 없는 일이다. 하지만 느낄 수 있다. 먼 길을 돌아 영겁(永劫)의 세월이 흐르고, 세상은 바뀌어 만물의 생김새가 달라져도 알 수 있다. 마음으로 알아볼 수 있다. 언제나 엄준했지만, 오직 나만을 위해 존재했던 따스한 눈길, 때때로 소년처럼 장난스레 번지던 입가의 미소… 맞다. 그대가 분명하다. 나의 크리슈나 그대여.

시바에게 '분노 형태'의 화신 바이라바가 있듯 인도의 신들은 남녀불문 여러 모습의 화신으로 등장한다. 화신 즉 아바타르는 인도의 이야기, 인도인의 정신세계로 들어가는 중요한 열쇠다. 특히 비슈누가 돋보인다. 만약 '화신學'이란 게 있다면 그는 단연 압권, 군계일학의 권위자일 것이다. 위기로부터 우주의 균형을 유지하는 일들을 관장하니 오랜 시간 여러 곳에 여러 형태로 등장하며 맡아온 배역이 다채롭다.

비슈누의 화신은 총 아홉 번 등장[3]했다. 순서대로 언급하면 마누를 구원한 물고기 화신(마치야)이 처음이다. 두 번째는 거북이(쿠르마)인데 신과 악마가 뒤엉켜 우주를 뒤흔들 때 그 균형을 유지했다. 악마가 영생의 음료를 탐할 때 매혹적인 여인으로 둔갑해 방해했다. 세 번째는 수퇘지(바라하)로 악마가 지구의 여신을 납치해 우주 속에 숨겼을 때 악마를 죽이고 여신을 구해냈다. 네 번째는 사자와 인간의 반인반수(半人半獸·나라심하), 다섯 번째는 난쟁이 신(바르나마), 여섯 번째는 도끼 든 성자(聖者·파라슈라마)로 역시 각기 악(惡)에 의한 고난과 박해로부터 인류를 구원해내고 법(다르마)을 바로 세웠다.

이어 일곱 번째는 〈라마야나〉의 주인공 람('라마'라고도 함), 여덟 번째가 〈마하바라타〉, 〈바가바드기타〉의 핵심인물 크리슈나인데, 각기 위대한 왕과 역사의 판도를 바꿀 전쟁의 전사이자 전략가(핵심 참모)로 분(扮)해 그 결정적 순간에 신의 메시지를 전하고, 세상이 가야 할 방향을 인도한다. 그리고 흥미롭게도 그 다음 화신이 바로 불교의 창시자 고타마 붓다였다. 바로 이것이 총 아홉 번에 걸친 비슈누의 화신史다. 여기에 아직 나타나지 않은 열 번째 화신(칼키)도 있는데, 날개 달린 백마를 탄 그는 마지막 화신으로 이번 세계를 리셋하고 재창조할 것이라고 믿는다.

이렇듯 인도의 신화와 전설, 역사의 흐름과 함께 등장하는 비슈누의 화신들은 곧 인도의 이야기 자체이기도 하다. 화신이 많다는 건, 오랜 역사의 인도 이야기 곳곳에 많이 등장한다는 것이고, 그만큼 사람들이 아끼고 사랑한다는 의미다. 어떤 시각에서 화신이란 역사의 중요한 시기에 길을 가르쳐 준 위인과 난세의 영웅들을 신격화한 것일지도 모르겠다. 혹은 이미 일어나 버린 일을 정당화해 준다고도 가정해 볼 수 있다. 어쨌든 거듭 말해 신(神)

---

3. 설화집(푸라나), 경전 등에 언급된 것을 정리한다.

도 인기 순인 인도의 신계(神界)에서 비슈누는 그런 중요한 위치를 점하고 있는 것이다.

이중 가장 대표적인 화신은 역시 경전의 반열에 오른 대서사시 속에 등장하는 람과 크리슈나다. 람은 〈라마야나〉의 주인공이다. 〈라마야나〉는 역사적 인물이었던 람의 영웅적인 일대기를 그린 것으로, 정쟁(政爭)의 갈등을 피해 스스로 유배를 떠난 람이 악마 라반에게 납치된 아내를 되찾고, 군왕의 자리로 돌아가 성군(聖君)이 되어가는 여정을 그린다. 악에 대한 투쟁과 권선징악, 이상적인 남편과 군왕의 덕목을 다룬다[4].

한편 크리슈나가 등장하는 〈마하바라타〉는 위대한 바라타 족의 이야기다. 판두족과 사촌지간인 카우라바, 쿠루족 간의 왕위 쟁탈전을 배경으로 정의의 승리에 관해 다룬다. 이때 크리슈나는 정의로운 판두족의 편에 서서 전쟁을 승리로 이끄는 중요 역할을 한다. 〈마하바라타〉의 일부이자 그 클라이맥스라고 할 수 있는 부분이 〈바가바드기타〉다. 쿠루크셰트라 전투에서 어릴적 스승, 친구, 혈족과 싸우며 갈등하는 인간(아르주나)에게 결과를 의심하지 않고 운명에 따라 주어진 일 다 하라는 가르침을 준다.

경전의 권위로는 〈베다〉, 〈우파니샤드〉같은 계시서(啓示書)가 우위에 있으나, 풍부한 이야기로 사상과 철학의 핵심을 관통하는 이러한 대서사시들이 오랜 세월 인도 사람들의 심금을 울려왔다. 둘을 묶어 〈라마야나〉, 〈마하바라타〉를 2대 서사시로 칭송하고, 〈바가바드기타〉를 인도 사상과 철학의 정수(精髓)로 꼽는 이유다. 여기서 비슈누의 화신 람과 크리슈나는 위대한 왕, 위대한 전사, 조력자로 분(扮)한다.

동시에 크리슈나는 악동(惡童)이고 사랑꾼이다. 사실 사람들이 가장 아끼는 이야기 중에는 개구쟁이 크리슈나와 사랑에 빠진 크리슈나에 대한 일화가 많은데, 특히 그의 러브 스토리는 민간의 사랑을 받아온 이야기다. 아

비슈누의 화신들(마치야에서 칼키까지).

내가 만 육천 명쯤 된다는 말도 있는데, 결혼을 한 것인지, 사단을 꾸린 것인지 오해할 정도로 수많은 아내의 남편으로 여겨지기도 한다. 때문에 혹한편 크리슈나는 악동이자 사랑꾼이기도 했다. 개구쟁이였던 그의 어린 시절 일화와 연애담은 인도 사람들에게 가장 인기 있는 이야기이기도 하다. 특히 그의 러브 스토리는 민간에 널리 회자되어 왔는데, 사랑이 넘친 그에게 1만6000명의 아내가 있다는 설이 있을 정도다. 그만큼 만인의 남편으로 여겨진다는 의미다. 이에 대해 혹자는 다음과 같이 주장한다.

---

4. 구전되던 시가(詩歌)를 기원전 4세기경 발미끼가 최초로 취합했다. 이를 최초의 〈라마야나〉라는 의미에서 〈아디라마야나〉라고 하는데, 5권(깐드), 1만2000송(슬로까)이었던 것이 수세기에 걸쳐 첨가되어 현재 7권, 2만4000송(頌)으로 전해진다.

"시바 신은 달라요. 여기저기 자기 여자를 만들고 다니는 분(크리슈나)과는 달리 언제나 조강지처만을 사랑하신답니다."

시바나 다른 신을 지지하며 크리슈나의 여성 편력(?)을 우회적으로 비꼬는 것이다. 이렇듯 신들의 언쟁은 간혹 신도(信徒)들의 언쟁으로도 이어진다.

하지만 사실 여성 편력과는 거리가 멀다. 하나이자 여럿인 신의 사랑이란 어떨까? 여러 생애, 여러 모습으로 다양한 곳에 나타나면 연애담도 많을 수밖에 없다. 실제 인도의 수많은 여성들은 또 다른 화신인 〈마하바라타〉의 람을 이상적인 남편감으로 여기기도 한다. 그러한 신랑감을 찾고 그의 아내가 되고 싶어 한다. 그 사랑까지 닮고 싶은 신의 사생팬인 것이다. 이는 꼭 신에 대한 숭배만이 아닌 평생 흠모해온 멋진 이야기 속 주인공을 향한 동경이기도 한데, 시공간을 초월한 그 모든 이야기 속에 화신으로 분해 거듭 사랑을 베풀어 왔으니 그것이 여성 편력이라면 그 또한 품고 가야 할 오해다.

이건 나의 첫 번째, 두 번째… 여기저기서 '그대'를 알아본다. 인도는 사랑이 가득한 곳. 그 사랑에 대해 이야기하지 않을 수 없다.

신(神)의 도시를 향해 (4대 순례지, 7대 성지)

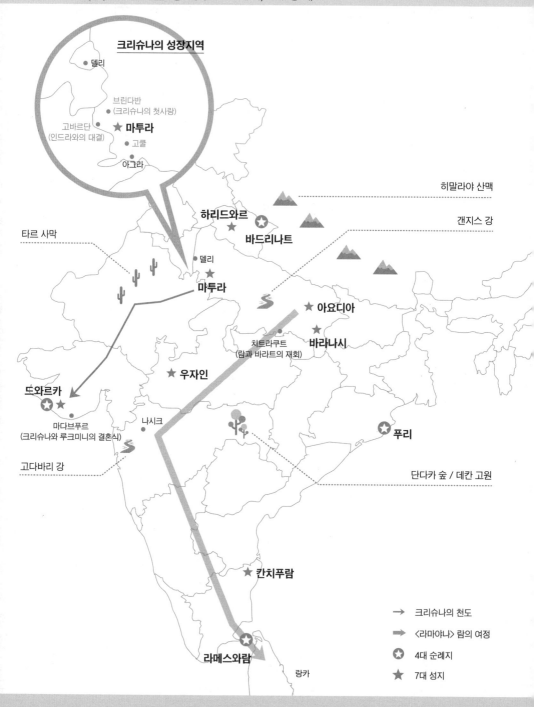

크리슈나의 성장지역

델리

브린다반
(크리슈나의 첫사랑)

고바르단
(인드라와의 대결)

★ 마투라

고쿨

아그라

히말라야 산맥

갠지스 강

하리드와르
★
바드리나트

타르 사막

델리

마투라

★ 아요디아

치트라쿠트
(람과 바라트의 재회)

★ 바라나시

드와르카
★
마다브푸르
(크리슈나와 루크미니의 결혼식)

★ 우자인

나시크

★ 푸리

고다바리 강

단다카 숲 / 데칸 고원

★ 칸치푸람

라메스와람

랑카

→ 크리슈나의 천도

⇒ 〈라마야나〉 람의 여정

✪ 4대 순례지

★ 7대 성지

CHAPTER
2

천년의 사랑
크리슈나 外

○ 크리슈나 대(對) 인드라

크리슈나
비슈누의 화신(化身)으로 여러 고사와 더불어 대서사시이자 경전인 〈마하바라〉, 〈바가바드기타〉의 주역으로 등장한다. 바수데바와 데바키의 아들로 어릴 적 이름은 칸하라고도 한다. 캄사를 피해 형 발라라마와 함께 고쿨에서 목동인 난다와 야소다의 양자로 자란다. 그를 숭배하는 비슈누파의 분파로 크리슈나파(또는 바가바드파)가 있다. 크리슈나의 아내는 수없이 많다.

인드라신(神)
인도 신화에서 날씨와 전쟁을 관장하는 천신(天神)이다. 〈마하바라타〉의 주역 아르주나의 아버지라고도 한다. 아르주나는 판두와 쿤티의 셋째 아들이지만, 신이 잉태시켰다고 한다.

○ 크리슈나의 연인들 (본문에 언급된 여인들에 한함)

라다
목동의 딸로 크리슈나의 소꿉친구이자 첫사랑이다.

루크미니
캄사의 친구 루크미의 동생이다. 가족의 반대를 무릅쓰고 크리슈나를 사모한다.

○ 크리슈나의 불구대천 원수들 (이후 등장하는 인물 포함)

캄사
크리슈나의 외삼촌이지만 주위의 간언과 야망에 눈이 멀어 자신의 부모를 비롯한 친척들을 모두 숙청하고 마투라의 왕을 자처한 악인(惡人)이다. 크리슈나의 부모를 감금하고 그 아이들(발라라마와 크리슈나)을 몰살하려 했으나 실패한다. 크리슈나를 암살하기 위해 살수(殺手)를 보내지만 크리슈나가 모두 물리친다. 자라산다의 사위다.

시슈팔라
크리슈나의 불구대천 원수로 체디 왕국의 왕이다. 천상에 머물렀으나 전생의 악업으로 저주를 받아 지상으로 떨어져 삼대에 걸쳐 악마로 태어나는 인물로 크리슈나에게 정혼자(定婚者)인 루크미니를 뺏긴다.

자라산다
마가다의 왕이다. 사위 캄사를 죽인 크리슈나의 천적으로 마투라를 공격하며 크리슈나를 궁지에 몰아넣는다. 그 아버지의 두 아내가 각각 반쪽짜리 아이를 낳자 악귀 자라가 합친 인물로 자라산다라는 이름은 '자라가 합친 사람'이란 뜻이다. 이후 판두족의 둘째 비마와 씨름을 하다가 죽는다.

판두족

쿠루족의 일족으로 하스티나푸르의 왕 판두의 다섯 아들이다. 판두의 첫째 왕비 쿤티가 맞이 유디스티라, 비마, 아르주나를 낳았고, 둘째 왕비 마드리가 쌍둥이 형제인 나쿨라와 막내 사하데바를 낳았다.

유디스티라

판두족의 맏형으로 선행(善行)과 진리를 우선으로 내세운다.

비마

판두족 형제의 둘째로 힘이 세나 다소 거만하다.

아르주나

아르주나는 '언제나 선(善)을 행하는 자'로 판두족의 셋째이자 쿠루크셰트라 전쟁의 영웅이다. 인드라 신의 무기를 얻고, 크리슈나로부터 지혜를 전수받는다.

아비만유

아르주나의 아들이다. 달의 신(神) 소마의 아들이라고도 한다. 열여섯의 나이에 전장(戰場)의 이슬이 되어 사라진다.

크리슈나

비슈누의 여덟 번째 화신으로 판두족을 지지한다. 쿠루크셰트라 전쟁에서 아르주나의 마차를 몰고, 갈등하는 아르주나에게 가르침을 준다.

드라우파티

판찰라 왕국의 왕 드루파다의 딸로 판두족 형제들의 아내다. 락슈미 여신의 화신으로 여겨진다.

히딤비·가토카챠

히딤비는 악귀 히담바의 여동생으로 비마의 첫 아내이고, 히딤비의 아들이 가토카챠이다.

바르바릭

가토카챠와 마우르비의 아들, 비마의 손자다. 카투 시얌이라고도 부른다.

비두라

쿠루족의 재상으로 판두족과 카우라바족 모두의 삼촌이다. 눈이 먼 자(드리타라스트라)가 왕국을 통치할 수 없다고 이의를 제기하고, 카우라바족이 드라우파티를 능멸하자 유일하게 항의한 인물이다. 그는 락샤그라하에서 판두족 형제들을 구한 인물로, 전쟁에서 판두족의 편에 선다.

카우라바족

쿠루족의 일족으로 판두를 대신해 왕국을 섭정하던 눈 먼 왕 드리타라스트라와 왕비 간다리 사이에 난 자식들이다. 백 명의 형제가 있으며 그 맏이는 두리요다나다.

드로나

쿠루족의 사부로 판두족과 카우라바족 모두를 가르친 스승이다. 뛰어난 병법가로 신하된 자의 의무에 따라 카우라바 편에 선다. 가난했던 시절, 아들 아슈바타마의 우유를 얻기 위해 과거 함께 수학했던 드루파다(드라우파티의 아버지)에게 구걸하지만 거절당한 뒤 원수지간이 된다.

샤쿠니

간다리 왕비의 오빠로 두리요다나의 최측근이자 모사꾼이다.

카르나

판두족 형제의 어머니 쿤티와 태양 신 사이에 난 자식으로 두리요다나의 절친한 친구다.

푸로차나

두리요다나의 측근이자 건축가다. 판두족을 제거하기 위해 락샤그라하의 함정을 만든다.

아슈바타마

드로나의 아들이다. 그의 몸엔 시바 신의 일부가 깃들었다고도 한다.

악동(惡童)

"넌 맨날 공부도 안 하고, 대체 언제까지 그 애를 만날 거니?"

"……"

"이 녀석 봐라, 대답 안 해? 어서 바지 접어!"

어머니의 회초리가 매섭게 종아리를 내려친다. 걱정해서 하시는 말씀이란 건 안다. 하지만 어머니는 아실까? 크리슈나도 이때 첫사랑을 만났다는 걸. 엄격한 부모들은 혹여 이 글을 싫어할 수도 있지만, 일생의 일엔 모두 때가 있다.

어린 시절 크리슈나는 장난꾸러기였다. 마투라의 왕족으로 태어난 그는 캄사의 박해를 피해 근교의 시골 마을 고쿨에서 유년기를 보낸다. 목동의 양자로 들어간 그는 항상 말썽을 피웠고, 양어머니 야소다에게 혼나기 일쑤였다. 크리슈나는 장난삼아 마을 사람들의 버터를 훔쳐 먹고는 시치미를 뗐는데, 하루는 그 현장을 잡으려고 마을 사람들이 버터가 담긴 그릇에 종을 달아놓았다. 크리슈나가 버터를 훔쳐 먹으려 하자 종이 울리는데, 다른 아이들은 모두 달아나도 크리슈나는 태연하게도 그릇에 매달린 채 도망갈

버터를 훔쳐먹는 어린 크리슈나.

생각을 않는 것이다. 야소다는 어처구니없다는 표정으로 말했다. "아이고 드디어 잡혔구나! 그래도 물론 안 먹었다고 발뺌하겠지?" 물론이었다. 모두들 그런 그의 태연자약한 행동에 끝내 웃고 만다.

또 하루는 목장 아가씨들을 너무 괴롭혀 다들 불평하니 그 벌로 더 이상 말썽을 부리지 못하도록 그를 기둥에 묶으려 했다. 그런데 그 줄이 매번 원래 길이보다 짧아져 묶어지지가 않는데 크리슈나가 신기(神技)를 부려 야소다를 곤란하게 만든 것이다. 버터를 훔치고, 목장 아가씨들을 괴롭히며 어머니를 곤란하게 하니 어지간한 악동이었다. 그렇게 힘들게 했음에도 야소다는 부드러움을 잃지 않았다. 훈육을 위해 때론 꾸짖고 벌을 주었지만, 넘치는 사랑으로 대했다. 자식을 키우며 인도의 어머니들은 그런 크리슈나의 유년기를 떠올린다고 한다.

사랑으로 자란 크리슈나는 장난 가득한 유년기에도 일찍이 선행을 베풀었다. 그 가운데 하나가 뱀을 살생한 일인데, 그 뱀이 강을 오염시키고 있었던 것이다. 그 물을 사람들이 마시고, 풀이 자라며 가축이 뜯어먹으니, 말하자면 어린 나이에 신성한 강과 수원(水源)을 지키고 중대한 오염 문제를 해소한 것이다. 악동이지만 악의가 없고 사랑스럽다. 언제나 주위를 환하게 만드는 사람이 있듯 그것이 그의 마법과 같은 매력이다.

지금도 고쿨에는 그가 어린 시절 장난을 치며 놀았다는 일곱 거리가 남아 있다. 모든 거리에 신이 거한다는 의미로 그의 장난마저도 신성한 것으로 회자된다.

첫사랑

그러던 어느 날, 한번 나가면 도무지 감감무소식 찾을 길이 없어 수소문을 해보니 새파란 어린 나이에 여자 친구까지 생겼다. 그때부터 사람들은 그가 보이지 않을 때면 쑥덕였다.

"오늘도 개랑 같이 있는 것 아니야?"

여자 친구의 이름은 라다였다. 오랜 소꿉친구인 둘은 함께 성장하며 점차 사랑을 키워나갔다. 라다만을 사랑한 크리슈나는 오직 라다를 위해서만 피리를 불어주었다. 라다를 향한 크리슈나의 연가(戀歌), 세레나데였던 것이다. 피리 부는 크리슈나의 모습은 지금도 그림으로 곧잘 묘사되곤 하는데, 크리슈나의 피리란 그 모습을 보면 매혹되는 힘을 지녔다고 전해진다.

하지만 첫 사랑은 이루어지지 않는다고도 하던가? 둘의 운명은 호락호락하지 않았다. 어느 날 자신의 목숨을 노리던 마투라의 왕 캄사가 사람을 보낸다. 캄사는 욕망에 눈이 멀어 아버지마저 굴복시키고 스스로 왕좌를 차지한 악의 화신이었다. 그는 위협이 될 만한 친인척들 모두를 잔인하게 숙청했는데, 크리슈나도 예외가 아니었다. 왕족의 혈통인 크리슈나도 위협을 느끼고 고쿨로 피신했던 것이다. 그런 상황이니 이제 더 이상 피할 곳이 없다. 정의냐 불의냐… 크리슈나는 정의를 지키고 왕이 되어야 할 인물이었다. 이제 그는 주어진 운명에 따라 캄사를 처단하고 왕국을 바로 세워야 했다. 죽이면 어쨌든 살아가도, 죽으면 그대로 끝이라고 했다. 대의(大義)를 품은 크리슈나는 마을을 떠나 세상으로 나아가기로 한다.

한 가지 문제는 사랑하는 라다를 놔두고 떠나야 한다는 것이다. 정의냐 불의냐를 건 중요한 문제였지만, 사랑의 맹세를 지킬 수 있느냐, 없느냐의 문제이기도 했다. 앞길 구만 리의 젊은 연인들에겐 야속한 운명이다. 모두들 크리슈나에게 라다는 그만 잊고 떠나라고 한다.

"이제 그만 라다는 잊게."

"아니요. 그럴 수 없어요. 라다는 저의 분신(分身), 바로 저 자신입니다. 함께 가겠어요."

크리슈나는 라다를 자기 자신이라고 한다. 그것이 은유적 의미이든 아니든, 정신적이든 육체적이든 둘은 이미 서로 한 몸이라고 한다. 대개 크리슈나가 비슈누의 화신이듯 라다는 락슈미 여신의 화신이라고 보지만, 이런 관점이 확대되어 일각에선 라다를 크리슈나 자신이라고 보는 시각도 있다. 신화의 해석엔 이견이 많다.

크리슈나는 라다에게 함께 가자고 말한다. 하지만 라다는 소박한 시골 처녀일 뿐이었다. 자신의 분수를 지키며 그의 여정(旅程)에 걸림돌이 되기 싫다고 답한다.

"함께 갑시다. 전 영원한 당신의 짝입니다."

"아니에요. 제 님은 그저 소를 몰고 피리를 불며 흥겹게 춤추는 분일 뿐이랍니다. 제가 따라간다면 전 지금과 다른 사람이 되고 말아요. 당신 또한 그럴 거예요. 위대한 길을 가시는 분, 부디 조심히… 가야 할 길을 가세요."

크리슈나와 라다.

　이후의 이야기에 관해서는 여러 가지 설(說)이 전해진다. 그 한 가지가 크리슈나는 떠나고 라다가 우유 장수와 결혼했다는 것이다. 다양한 설이 있는데, 결혼은 형식적인 것이었을 뿐 평생 동안 라다가 진정 사랑한 건 크리슈나뿐이라고 한다. 또 실제로는 크리슈나와 라다가 결혼했다, 그렇지 않다는 이야기도 설왕설래한다. 오천 년이나 된 이야기이니 진실은 믿는 자의 몫이다. 크리슈나가 라다를 떠나지 않았고 둘은 지금까지도 함께 한다고 믿는가 하면, 크리슈나가 라다를 떠나 마투라로 갔고 라다는 여전히 그를 기다린다고 믿기도 한다. 또 다른 설로는 라다 곁에 남은 크리슈나와 마투라로 돌아간 크리슈나가 각각 다르다고도 한다(팔이 네 개인 크리슈나는 마투라로 갔고, 팔이 두 개인 크리슈나는 돌아왔다). 크리슈나를 하나의 존재로 보거나, 여럿으로 분(扮)한 존재로 보는 것이다. 결국 믿음의 문제다. 라다 이상으로 크리슈나와 헤어지기 싫은 사람들이다.

크리슈나와 라다는 브린다반의 숲에서 만나 밀회를 나눴다고 한다. 고쿨과 브린다반 모두 마투라를 사이에 두고 야무나를 벗 삼은 작은 마을들이다. 정황상 맞아떨어지긴 해도 옛 성인들이 이곳이 그곳이라고 했을 뿐 사실 밀회의 장소라는 어떤 고증학적 증거도 남아 있지 않다. 그럼에도 그 이야기만으로도 브린다반은 전국의 크리슈나 추종자들이 모여드는 순례지가 되기에 충분했다. 일대엔 크리슈나와 라다를 숭배하는 사원(寺院)이 무려 5500여 개가 있는데, 사실상 도시 전체가 하나의 사원이라고 보면 되는 것이다.

그 밀회를 이곳 사람들은 '신성한 유희(遊戱)'라고 부른다. 사람들은 아직도 크리슈나가 밤마다 이곳에서 유희를 즐긴다고 믿는다. 때문에 어떤 사원은 하루 종일 방문객이 붐벼도 아침 아홉 시 이전엔 절대 문을 열지 않는다고 하는데, (운영자들도 좀 쉬고) 밤새 유희를 하느라 지친 크리슈나의 휴식을 위해서다. 오랜 전설은 기묘한 신비함을 자아내는 모양이다. 지금도 밤마다 누군가 다녀간 흔적이 남는다고 하고, 출입이 금지된 밤에 이곳에 머무는 사람은 미쳐버린다고 한다. 신의 사랑을 방해한 죄인 모양이다.

결혼했다고 하고, 아니라고도 한다. 둘의 운명은 무엇이었을까? 분명한 건 미완의 사랑일지라도 불멸의 사랑임은 분명하다는 것이다. 이곳 사람들은 크리슈나 앞에 라다의 이름을 붙이는 풍습이 있다. '라다 크리슈나'처럼 마치 하나의 이름으로 묶어 부르는 것이다. 크리슈나를 숭배하는 사원에서 그런 이름이 붙은 신상(神像)들을 곧잘 찾아볼 수 있을 것이다. 둘의 사랑은 인간의 영역을 초월한 사랑이다. 두 사람의 영원한 사랑에 관한 이야기, 우린 어떤 버전의 이야기를 믿고 싶을까? 고쿨에서, 브린다반에서, 인도의 모든 곳에서… 두 연인은 속삭인다.

"우린 영원히 함께 할 거야."

소년, 山을 들어 올리다

그렇다고 어린 크리슈나가 말썽쟁이에다가 라다에게만 빠져 지낸 건 아니다. 크리슈나의 사랑이란 그 범위가 매우 넓다. 어느 날 크리슈나는 양아버지와 인드라 신(神)에 관해 대화를 나눈다.

"그분은 신들의 신, 하늘의 신이란다. 절대 화를 내시게 만들면 안 된단다."

그러자 어린 크리슈나가 반문한다.

"신이 왜 화를 내시죠? 신이라면 오히려 저희를 아끼고 보살펴야 하는 것 아닌가요?"

"하지만 그분은 비를 관장하시지. 적시에 충분한 비를 내리시기에 우리가 농사를 지을 수 있는 거란다."

하지만 크리슈나는 무슨 상관이냐며 콧방귀도 뀌지 않는다.

"아버지, 농토를 가꾸는 건 우리 자신이죠!"

경배의 대상이나 신의 이름이 다를 뿐 농경 사회에서 귀한 물은 곧 신에 대한 숭배로 이어진다. 하지만 크리슈나는 신이다. 비슈누의 화신이니 신 가운데서도 으뜸으로 꼽힌다. 브라흐마, 시바와 서열을 다투는데, 설령 아직 어려도 인드라 따위에게 자존심을 굽히진 않고, 마을 사람들을 따라 인드라를 섬길 수도 없다. 무엇보다 두려움은 진정한 믿음이 아니다.

"어리다고 놀리지 마세요. 전 오늘부터 인드라를 섬기지 않을 겁니다. 마을 사람들도 마찬가지예요."

아버지가 달래지만 그는 자신의 말을 듣지 않으면 식음을 전폐하겠다며 고집을 부린다. 당돌하지만 그런 확신에 마을 사람들의 마음도 움직인다. 이런 크리슈나의 행동은 한편으론 보수적인 믿음에 저항해 신에 대한 맹목적인 숭배를 경계한 것이다.

그런 말과 행동이 인드라 신을 크게 자극한다. 아낌없이 주는 것이 도리어 큰 벌이 될 때가 있다. 분노한 그는 억수와 같은 비를 세상에 쏟아 부었다. 천지가 진동하듯 우레가 치며 엄청난 폭풍우가 불어 닥치고, 쉼 없이 내린 비에 강둑이 무너지고 물이 범람한다. 대홍수와 마누의 일화가 다시금 재현(再現)되는 듯 최악의 홍수다. 사람들은 모두 겁에 질렸고 가축은 미쳐 날뛴다. 사람들은 서둘러 높은 곳으로 피한다. 그곳이 바로 기리라즈 산이다. 그러나 시시각각 차오르는 물에 발꿈치를 들고 죽음을 기다릴 수밖에 없다. 속수무책 어찌할 방도가 없다. 사람들은 불경한 행동에 신이 노하셨다며 크리슈나를 원망한다.

"이젠 몸을 피할 곳조차 없구나."

그럼에도 어린 크리슈나는 의연하다.

"걱정하지 마세요."

그는 마을을 지키고 인드라를 자신의 발 아래 굴복시키려 한다. 그는 인드라에게 정면으로 맞선다.

"인드라여, 그대가 단념하지 않겠다면 내가 그대를 상대하겠다!"

그리고는 새끼손가락 끝으로 산을 들어 올린다.

산을 들어 인드라에 맞서는 크리슈나.

"해봐라, 어디 한번 맘껏 퍼부어 보아라. 가장 약한 손가락 하나로 그대를 막아주겠다."

크리슈나가 들어 올린 산 아래로 사람들을 피신시키자 인드라는 더욱 세차게 비를 퍼붓는다. 일주일 간 폭우가 내리고, 크리슈나는 일주일 내내 산을 든다. 그때부터 이미 그는 더 이상 어린애가 아니다. 마을 사람들이 큰 대가를 치러야 했지만 위대한 각성(覺醒)이다.

어린 크리슈나가 장난을 치고, 여자 친구를 사귀며 평범한 유년기를 보냈다고 했던가? 그는 말한다.

"버터는 내게 힘을 주고, 목장 아가씨들은 나를 도우며 라다의 사랑은 내게 산을 들 수 있게 한다."

가볍게 여겼던 유년기의 경험들이 모여 자연히 인생의 보시(布施)가 되는 순간이다. 재미있는 대목은 신이라도 누군가의 떡두꺼비 같은 자식인 모양이라 크리슈나의 (현생의) 어머니는 일주일 내내 산을 들고 서 있는 아들이 너무 안쓰럽다.

"하루에 여덟 끼를 해치우는 녀석인데, 지금은 한 끼도 먹일 수 없구나."

그러자 아들은 애교 있게 답한다.

"어머니, 7일에 여덟 끼니까 나중에 56끼를 하루에 다 먹겠습니다."

인드라는 한숨을 내쉰다. 모든 힘을 동원해도 크리슈나의 새끼손가락 하나조차 건드릴 수 없다. 인드라는 그제야 크리슈나 앞에서는 자신도 아무것도 아니라는 걸 알게 된다. 모르고 범한 실수다. 신도 실수하고, 때론 어리석을 수 있다. 크리슈나의 탄생은 처음엔 신들도 의문이었다고 한다. 이 꼬마가 설마 비슈누의 화신(化身)일 줄은 인드라도 몰랐던 것이다. 자신의 어리석음을 깨달은 인드라는 비로소 비를 거두고 용서를 빈다. 비가 그치고서야 크리슈나는 산을 내려놓는다.

"나는 삼계(三界)를 다스리는 자다. 넌 나를 따라야 한다."

승리한 크리슈나는 직접 산을 오르며 순례한다. 기리라즈란 이름이 붙은 건 그때부터라고 전해진다. 기리라즈는 지금의 고바르단 언덕이다[1]. 우타르프라데시 주 마투라에서 약 22킬로미터 떨어진 마을 한 가운데 위치한 이곳은 이제 얕은 언덕(해발 25미터 높이)일 뿐이다. 크리슈나와 동일시하며 받드는 곳이고, 전국 각지의 인도인들이 찾아와 크리슈나의 흔적을 더듬으며 마투라에서 이곳까지 이르는 길을 순례한다. 기리라즈란 '모든 산(山)의 왕'을 뜻한다고 한다.

---

1. 불교에서는 우르문드 산이라고 한다. 부처님이 마투라에 와서 이곳을 다녀가며 '오랜 옛날부터 크게 존경받는 곳이구나'라고 말했다고 전해진다.

기나긴 세월 산은 조금씩 가라앉아 언덕이 되었다. 크리슈나가 들어 올렸을 당시 이 산은 무려 해발 84킬로미터였는데, 현자가 들어 올리려 하자 산이 무거워졌고, 이후 저주가 내려 점차 가라앉게 되었다는 기이한 이야기도 전해진다. 산은 세월이 흐르며 깎여 나가기 마련이지만, 그때부터 이 산은 금기시 되어 오르지 않는데 그 자체로 신성시 하며 크리슈나로 여기는 까닭도 있다.

한편 산을 내려놓은 뒤 크리슈나는 정말 일주일치 식사를 보충했다고 한다. 그것이 풍습으로 전해져 디왈리 다음날 56끼의 음식을 바치는 의식이 열린다. 이 날은 모든 어머니가 같은 마음으로 식사를 바치고, 크리슈나의 어린 시절 이야기를 들려주며 어머니들은 자기 자식을 떠올린다. 아이는 역시 아이답게 자라야 하는 것일까? 인격화된 신을 통해 그 어린 모습마저 교훈으로 되새긴다. 이런저런 장난을 치고 말썽을 부려도 그 아이가 커서 세상을 짊어지니 섣불리 실망하지 말아야 한다는 의미일지도 모른다. 다른 지역에선 성장한 크리슈나를 섬겨도 이곳만큼은 어린 크리슈나를 숭배한다고 한다.

훌륭한 한 인간의 성장기나 다름없는 신화다. 아직도 인도 사람들은 그 가르침을 가슴에 새기며 부모와 자식으로서의 인생을 살아나간다.

사랑의 납치

"싫어요, 이건 제 인생, 제 결혼이에요!"

루크미니는 완강하다. 어떤 회유나 강요도 그 고집을 꺾지 못할 듯하다. 그녀는 어릴 적부터 오직 한 남자만을 동경해왔다. 그가 아닌 미래는 상상조차 하기 어려웠다. 하지만 문제는… 그는 그 사실을 전혀 모른다는 점이다. 아니 그녀의 존재 자체도 몰랐다. 열렬히 사랑한다면서 정작 일면식도 없는 상대라니 환상 속의 열병이다. 누구나 꿈속의 낭군을 마음에 품지만, 어려서는 몰라도 철이 들어도 사리에 어두우니 고민이 이만저만이 아니다. 특히 오빠 루크미는 그런 동생의 고집이 짜증스럽다. 바야흐로 혼란의 시대, 곧 역사의 중대한 변곡점이 다가올 터였다. "제발, 철 좀 들라고!"

비다르바의 왕 비슈마카의 슬하엔 네 아들과 딸 하나가 있었다. 외동딸 루크미니는 그야말로 금지옥엽(金枝玉葉)인데, 루크미니란 이름은 말 그대로 금을 뜻하니, 나서부터 금처럼 반짝이고, 옥처럼 영롱한 귀한 딸이다. 그러던 어느 날 공주의 몸과 마음에 일생일대의 찌릿한 전기가 흐르고 만다.

공주를 찾은 현자(賢者)는 소녀에게 한 남자의 모습을 알려준다. 그는

루크미니를 데려가는 크리슈나.

다름 아닌 물과 불, 칼과 방패를 모두 가진 남자, 진지하면서도 유희를 알고, 강인하고 늠름하면서 부드럽고 온화하며 한 번 보면 다른 눈은 멀게 만들 만큼 잘 생긴, 天上 남자 중의 남자 크리슈나다. '젠장…' 그야말로 '루크미니 귀에 캔디'였다. '정말 세상엔 이런 멋진 남자가 존재하는구나.' 처음 듣는 순간 공주는 크리슈나에게 흠뻑 빠지고 만다.

그런데 만난 것도 아니고 한 번 듣고 어떻게 사랑에 빠질 수 있을까? 이후로 현자는 올 때마다 크리슈나에 대해 이야기하며 소녀의 귀를 촉촉이 사로잡았던 것이다. 이처럼 인도 설화에선 현자(賢者)들이 곧잘 중매도 한다. 이야기가 물 흐르듯 흘러가도록 인물과 인물, 위대함과 위대함을 잇는 가교 역할을 하는 것이다. 들으니 관심이 가고, 관심이 생기니 간간이 떠오른다. 떠오르니 자꾸 상상하게 되고, 상상은 현실이 된다. 어느새 사랑은 깊어져 연모(戀慕)의 감정은 절절하게 끓어 오른다. "다른 사람은 싫어요. 전 그만을 원해요."

하지만 그녀의 큰오빠 루크미의 생각은 달랐다. 대권을 이어받을 그는 악마 왕 캄사(어린 크리슈나를 해치려 한 바로 인물)의 친구이기도 했다. 그는 하나뿐인 여동생을 또 다른 의미로 귀하게 여겼다. 동생을 친구이자 유력 세가(世家)로 후원자가 되어 줄 수 있을 시슈팔라에게 주고 싶었던 것이다. 군웅할거의 난세에 정치적 이해집산은 필수 불가결하고, 유력 가문과의 정략결혼을 통해 혈연관계를 맺고 세(勢)를 유지하는 건 왕국의 생존과 관계된 문제였다.

바야흐로 인도는 마하바라타의 시대, 정치적 혼란기였다. 쿠루족의 왕 판두는 실수로 현자를 살해한 죄를 속죄하고자 유배를 자청했고, 그의 형제가 왕국을 섭정(攝政)했다. 판두의 자손들이 자라 판두족이 되고, 섭정의 자손들은 카우라바 족이 되어 쿠루족을 이끈다. 카우라바는 판두족의 온당한 권리를 인정하지 않고, 사사건건 견제하며 두 세력은 끝내 공존할 수 없는 지경에 이른다. 박해 받는 판두족은 아비의 전철을 밟아 모든 걸 잃은 채 유배를 떠난다. 그리고 핍박의 세월 동안 칼을 갈며 암중모색한다. 이른바 왕좌를 건 대(大) 전쟁(쿠루크셰트라 전쟁)의 서막이 열리고 있었다. 하지만 아직 대세는 쿠루족을 등에 업은 카우라바였다.

한편 크리슈나는 판두족을 지지했다. 명예로운 사람으로 정의 실현에 대한 신(神)의 의지가 반영되었고, 그의 명성은 모두가 익히 들어서 알고 있었다. 하지만 실력자 시슈팔라와 달리, 그에겐 당장 눈에 보이는 것, 손으로 만질 수 있는 게 아무것도 없었다. 왕국은커녕 다스릴 땅조차 없으니 루크미는 크리슈나가 탐탁지 않았다.

"새파란 놈이 감히!"

오직 루쿠미니만이 무(無)에서 유(有)의 가능성을 꿰뚫어 봤지만, 이미 불가항력이었다. 루크미는 동의 없이 독단적으로 동생의 혼사(婚事)를 정해 버린다.

"오빠, 어떻게 그럴 수 있어?"

"입 다물어, 더 이상 딴 말하지 말거라. 시슈팔라는 좋은 남편감이야!"

나름 왕국의 안위를 위한 선택이라고 항변할 수 있다. 생존과 정의의 길이 꼭 같다고 볼 수도 없다. 범인(凡人)의 한 사람으로서 우둔한 자의 고뇌는 일면 공감한다. 결과론이지만, 인간은 그 얼마나 많은 선택의 실수를 저지를까? 다만 줄을 잘못 섰다. 야멸찬 오빠는 동생을 이용해 불의의 편에 섰다. 인도 역사의 향방을 정할 결전을 앞두고 세(勢)를 결집하던 시대, 크리슈나와 결혼시킨다면 판두족을 공개 지지하는 것과 같았다. 만약이란 부질없지만, 그랬다면 역사는 루크미를 다르게 기억했을 것이다. 심지어 루크미니의 정혼자인 시슈팔라는 이렇게 기억된다. '날 때부터 눈은 셋에 팔은 네 개로 고래고래 비명을 질렀다. 남의 약혼녀를 겁탈한 인물.' 루크미니가 아닌 남자가 생각해도 끔찍할 만큼 결혼하기 싫어진다.

루크미니는 결코 굴하지 않았다. 하지만 어떻게 해야 할까? 일방적인 흠모였다. 한 번도 보지 못한 남자에게 청혼할 수 있을까? 미친 여자라고 생각하지 않을까? 남녀가 유별한 시대에 품위를 지키면서 어떻게 진심을 표현할 수 있을까? 그녀는 크리슈나에게 연서(戀書)를 보냈다. 정성스럽게 쓴 손 편지였다. 어지간해선 손 편지를 쓰지 않는 지금도 그만한 방법은 없다.

'당신은 절 모릅니다. 저 역시 당신을 뵌 적 없어요. 다만 당신의 존귀한 성품을 듣고 오래도록 당신을 마음에 품어왔습니다. 저를 데려가 주세요. 그날 그곳에서 전, 오직 당신만을 기다리겠습니다.'

크리슈나의 입장에선 전혀 모르는 여자의 편지였다. 하지만 그 내용을 읽자 그의 입가에도 미소가 번졌다. 절박한 상황에서 평생을 동경해온 상대에게 보낸 절절한 연서였다. 5000년 넘은 연애편지… 입증할 순 없지만 인도 사람들은 세계 최초의 연애편지라고 주장[2]한다. 그녀의 글귀는 감미로운 속삭임이 되어 귓가에 맴돌았다. 본 적 없지만 분명 사려 깊고 현명하고 기지(機智) 넘치는 용감한 여인임에 분명했다. 위기에 빠진 여인의 간절한 부탁을 외면하기도 싫었다. 하지만 크리슈나 역시 곤란했다. 집안 허락 없인 그녀를 얻을 수 없었다. 누가 어느 편에 설지 모를 불안한 시대에 루크미니의 편지는 연서인 동시에 밀서(密書)였다. 공주는 편지 속에 세세한 내용, 상세한 지침을 써놓았다. 그녀는 크리슈나가 자신을 데려가도록 야반도주의 계획까지 짜놓았던 것이다. 얼마나 오래 흠모하고, 얼마나 오래 상상했기에 이리도 치밀할 수 있을까… 모두의 축복을 받는 성대한 결혼이 아니라면, 때론 사랑하는 사람과 몰래 야반도주하는 은근한 로망도 품게 된다.

한편 원한을 살 소지가 다분했다. 자칫 함정에 빠질 수도 있었다. 크리슈나는 편지를 품에 품은 채 몇 날 며칠을 꺼내어 보며 고민에 빠졌다. 그리고 그는 한 번도 만난 적 없는 여인에게 자신의 운명을 걸어보기로 한다. 초대에 응한 그는 호위병도 없이 전차(戰車)와 마부(馬夫)만을 이끌고 혈혈단신 그녀를 찾아 나선다.

단 한 번도 본 적 없는 사내를 흠모하며 결혼하길 원한다는 게 가능한 일일까? 아무리 절절한 청(請)이라도 단 한 번 본 적 없는 여인과 결혼하기 위해 위험을 감수할 수 있을까? 지금 시대엔 더욱 비현실적으로 다가온다. 비유의 실타래를 풀고 냉철한 이성의 시각으로 바라보아도 좋다. 크리슈나 역시 세를 불려야 하는 입장이다. 그러나 사랑은 머리로 이해할 수 없는 듯

---

2. 〈바가바드기타〉에 언급되어 있다.

하다. 혹자는 이를 두고 영원한 사랑의 환생을 이야기한다. 크리슈나의 첫 사랑 라다에게 그랬듯 루크미니 역시 '락슈미의 화신'이라는 타이틀을 부여하는 것이다. 그러면 이것은 아득한 세월을 돌아 영혼의 짝을 되찾는 이야기다. 길을 재촉하는 크리슈나의 눈앞에 루크미니의 글귀가 어른거린다. '그곳으로 가 있을게요, 절 꼭 데려가 주세요.'

쉬지 않고 달린 크리슈나는 마을 외곽의 약속 장소로 향한다. 마침 시슈팔라와 루크미니의 결혼을 앞둔 날이었다. 지상으로 내려온 천상의 훈남 훈녀이니 확인하지 않아도 서로가 서로를 알아본다. 곧장 그녀의 손목을 이끌어 〈졸업〉의 한 장면을 연출한다. 왕국엔 크리슈나에 의해 공주가 납치되었다는 소식이 삽시간에 퍼진다.

분노한 그녀의 오빠는 복수를 계획하며 추격대를 이끌고 크리슈나를 뒤쫓는다. 크리슈나뿐 아니라 자신을 능멸한 동생까지 죽일 작정이다. 그러나 어찌 인간이 정의롭고 신성(神聖)한 자에게 대항할 수 있겠는가? 그들은 크리슈나의 상대가 되지 못한다. 힘 한 번 써보지 못한 채 크리슈나 앞에 무릎 꿇은 루크미는 굴욕 속에 도리어 생명을 구걸해야 할 입장이 되고 만다.

"불의를 따르는 한 형님은 결코 날 이길 수 없소."

크리슈나는 불의의 싹을 자르려 하지만, 루크미니가 가로막고 서서 오빠를 감싼다. 크리슈나는 그 모습에 다시 한 번 감동하며 서슬 퍼런 무기를 내려놓는다.

"벌 받아 마땅하지만, 당신이 해(害) 하려던 동생의 인정으로 겨우 목숨만은 부지한다는 사실을 아시오."

모든 일이 일단락되고, 크리슈나와 루크미니의 결혼식이 거행된다. 그들은 특별한 인연을 기려 아무도 밟지 않고 결혼해 보지 못한 땅에서 결혼식을 올리기로 하는데, 소망대로 이에 걸맞는 새로운 땅을 얻었다고 전해진다. 그곳은 구자라트 주 연안에 위치한 포르반다르 인근의 마다브푸르 게드란 곳으로 알려지는데, 마침 대륙 끝 해안도시다. 오랜 지명에서 '마다브'는 곧 비슈누와 락슈미를 의미한다고 한다. 한 편의 영화같은 둘의 사랑이 이루어진 곳이다. 불행히도 신부의 가족은 아무도 참석하지 않았다. 대신 모두가 그녀의 가족이 되어주었다. 지금도 그런 미풍(美風)이 전해져 둘의 결혼을 기념하는 축제엔 모두가 신부 측 하객으로 참석해 부모와 남자 형제 역할 등을 나누어 맡는다고 한다. 일대의 마을 전체가 참여하는 축제의 결혼 행렬은 루크미니 사원으로 향한다.

한편 크리슈나의 첫 아내는 자신이지만 첫 사랑은 라다였다.

"여보, 한 가지 물어봐도 되요?"

흠모하던 남자를 얻은 루크미니는 이제 세상 가장 난해한 질문을 던진다.

"당신은 누구를 가장 사랑하세요? 많은 사랑을 나누어 주시고도 아직 절 사랑하실 수 있을까요?"

세상의 싱글들은… 싫어하겠지만, 명심해야 한다. 일인다역(一人多役)의 크리슈나는 널리 이롭게 할 만인(萬人)의 연인이다. 소문난 사랑꾼 크리슈나의 연애담은 유명하고, 많은 고서(古書)에서 다양한 내용으로 언급되어 왔다. 혹자는 바람둥이 신이라고 할 수도 있지만, 꼭 애정 행각만은 아니다. 어떤 의미에선 정략(政略)이라고도 말했다. 어쨌든 그는 항상 답이 준비된 남자였다.

"나는 신(神)이자 왕, 전사(戰士)이자 남편이요. 나를 믿는 자에겐 모두 사랑을 나누어야 하고, 사람들은 나의 여러 모습을 만나왔소. 세상에 내가 보살펴야 할 사람이 많소. 다만 지금 내가 보고 있는 건 오로지 그대뿐이요."

뻔해도 기분이 좋아 입가가 절로 실룩일 수밖에… 이로써 루크미니도 다신 의문을 품지 않았다고 한다.

혹자는 루크미니보다는 라다에 대한 사랑이 더 강했고, 루크미니는 좀 더 육체적 관계에 가까웠다는 주장도 한다. 하지만 루크미니는 타의(他意)에 굴하지 않았던 현명한 여성이다. 순응하면 무탈(無頉)하지만, 타인이 원하는 대로 사는 건 결코 답이 될 수 없다는 것을 그녀는 알고 있었다. 결정은 당사자의 몫, 자신의 선택으로 운명을 개척했다. 반면 앙심을 품고 크리슈나를 비난하던 시슈팔라는 결국 목이 달아난다.

"남들은 아니라고 했지만 전 알았어요. 모두들 제 선택이 틀렸다고 했죠. 하지만 제 생각은 달랐어요. 전 당신이 내 남자, 진정한 운명의 짝이라고 믿어 의심치 않았죠."

형제들의 아내

크리슈나도 제 짝을 만났듯 〈마하바라타〉의 판두족 형제들도 드라우파티를 만난다. 드라우파티는 판찰라의 공주다. 어느 날 현자(賢者)를 만난 형제들은 그녀에 관해 듣게 된다. 빼어난 아름다움뿐 아니라 범상치 않은 태생의 비밀까지 알게 되는데, 다름 아니라 그녀는 사람의 몸이 아닌 불 속에서 태어난 여인이란 것이다. 현자는 마침 그녀의 아버지인 판찰라의 왕 드루파다가 사윗감을 얻기 위한 스와얌바라[3]를 여니 활에 능한 아르주나가 반드시 궁술(弓術) 시합에 참석할 것을 명한다. 사실상 중매를 선 것인데, 형제들의 눈은 세차게 흔들린다.

그리하여 형제들은 판찰라로 향한다. 그들은 고행자인 듯 행세하며 신분을 숨긴다. 한편 카우라바족도 스와얌바라에 참석한다. 마침내 궁술 시합이 열리고, 카우라바의 수장(首長) 두르요다나의 화살이 가까스로 과녁을 지나친다. 모두가 안도의 가슴을 쓸어내린다. 드루파다는 초조하다.

---

3. 혼기가 찬 여인의 신랑감을 고르기 위한 경연 대회다.

스와얌바라에서 화살을 날리는 아르주나.

"저런 자에게 드라우파티를 내줄 수 없다. 아르주나는 대체 어디 있단 말인가!" 모두가 공주의 운명은 아르주나란 걸 알지만, 정작 그는 보이지 않는다.

그때 어느 고행자(苦行者)가 모습을 드러낸다. 어렵사리 허락을 받은 그는 황금화살을 걸고 활시위를 당긴다. 그리고 그가 당긴 활시위를 놓는 순간 공주의 운명도 정해진다. "이 자는 대체 누구란 말인가?" 두르요다나는 분개한다. 그리고 아르주나를 비롯한 판두족이 정체를 드러낸다. 공주는 그에게 단번에 반한다. 주인공은 항상 그렇게 등장한다.

보석 같은 드라우파티를 얻은 아르주나는 형제들과 함께 어머니 쿤티에게 돌아온다. 그는 어머니를 향해 기쁨에 겨워 외친다. "어머니 보세요, 저희가 얻은 공양을, 이 아름다운 보석을!" 하지만 기다리는 내내 아들들의 안위를 걱정했던 어머니는 아들이 얻은 보석이 무엇인지도 모르고 무사히 돌아온 아들의 목소리에 안도하며 말한다. "무엇을 얻었든 형제끼리 사이좋게 나누어 가지거라."

뒤늦게 상황을 이해한 쿤티는 당황한다. "내가 대체 무슨 짓을 한 거냐?" 공양을 받았다는 소리에 설마 드라우파티를 얻은 것이라고 생각하지 못한 것이다. 이는 법도에 맞지 않는 일이고 상상할 수 없는 죄악이며 악업(惡業)을 쌓는 일이었다. 현명한 맏형 유디스티라는 어머니의 실수를 감싸며 아르주나가 공주와 결혼하라고 말한다. 그러자 아르주나는 펄쩍 뛰며 맏형이 먼저 결혼해야 한다고 말한다. 형님 먼저 아우 먼저 하는 상황이 벌어진다. 그 모습에 드라우파티는 자신의 숙명을 받아들이고, 그러자 형제들 또한 신의 뜻이라고 생각하며 공주를 모두의 아내로 맞아들인다.

이로써 드라우파티는 형제들의 아내가 된다.

가족의 원수, 나의 사랑

하지만 드라우파티가 쿤티의 첫 며느리, 비마의 첫 아내는 아니다.

그 이전에 악귀(惡鬼)였던 한 여성이 있다. 그녀가 바로 판두족의 어머니 쿤티의 첫 며느리고, 둘째 비마의 첫 아내다. 〈마하바라타〉의 영웅 판두족 형제들은 이들을 만날 때 칠흑과 같은 인생의 길고 긴 터널을 지나고 있었다. 그들의 아내들도 모두 인내하며 함께 고난을 겪어야 했다. 이를 두고 공주 드라우파티를 우러러 보지만, 악귀였던 그녀 또한 아직 세상이 혼탁할 때 만난 여인이었다. 어쩌면 드라우파티보다 더, 가진 모든 걸 희생한 여인 이다.

어머니를 모시고 유배길에 오른 판두족 형제들은 갈 곳이 없다. 그들은 도처에 위협이 도사리는 산 속에 몸을 숨긴다. 밖은 더 위험하니 그곳에 숨는 것이기도 했다. 좀처럼 잠을 청하기 힘든 숲 속의 어느 밤, 둘째 비마가 불침번을 선 채로 가족을 지키고 있었다. 불같은 성격의 비마는 어둠 따위에 굴하지 않을 용감무쌍한 전사(戰士)였다. 그런 그 앞에 묘령의 여인이 나타났다.

"이런 야심(夜深)한 밤에 뉘신지요?"

그런데 연약해 보이기만 했던 여인은 이내 손톱을 드러내고 비마를 공격했다.

"난 야차(夜叉·악귀)다. 너희를 죽이고 오라버니의 제물로 삼겠다!"

여인은 다름 아닌 악귀 히딤바의 여동생 히딤비다. 하지만 너무 오래 눈을 마주치면 정분(情分)이 난다고 비마의 잘 생긴 눈과 마주친 그 순간, 그만 히딤비는 사랑에 빠지고 만다.

유배를 떠난 판두족은 주로 인도 북부의 지역을 떠돌며 몸을 숨기고 있었다. 그러나 지금의 마날리 지역에도 이르렀는데, 그곳 산은 식인(食人) 악귀인 히딤바가 차지하고 있었다. 악귀의 존재를 곧이곧대로 믿을 수도 있겠지만, 흔히 그렇듯 깊은 산 속의 부족쯤으로 볼 수 있다. 그들의 생계 수단이란 지나가는 나그네를 습격해 약탈하고 죽이는 것이다. 히딤비는 모두 죽여서 데려오라는 명령을 받고 왔지만, 하필 판두족의 비마와 맞닥뜨렸다.

히딤비는 비마의 목에 칼을 겨누지만 비마는 그런 그녀의 손에 살포시 손을 얹으며 말한다.

"하지만 그대 눈엔 악의(惡意)라곤 보이지 않는군요. 당신의 선한 본성을 숨기지 마시오."

늠름한 체구에 깊은 눈, 입가의 너그로운 미소를 머금은 잘 생긴 비마, 희미하게 떨리던 그녀의 입가엔 이내 수줍음의 미소가 번진다. 깊은 산 속에서 좀처럼 만나기 어려울 귀공자였을 것이다. '이런 아름다운 사람을 어떻게 죽여? 아무리 오라버니의 명이라도 어떻게 제물로 바쳐?' 일생의 사랑에 마음이 빼앗긴 여인의 갈등이다. 사랑에 빠진 여인은 한없이 아름다워진다던가? 악귀도 사랑에 빠진 여인이 된다.

그러자 보다 못한 오빠 히딤바가 나타났다. 그의 눈에 비마는 먹기 좋게 살찌운 고기 같을 뿐이다. 그는 싸움을 말리는 여동생을 내치고, 비마와 결투를 벌인다. 하지만 비마가 누구던가? 힘 하면 그 누구에게도 뒤지지 않는 그였다. 가족의 안위를 건 비마는 추호의 망설임 없이 히딤바를 격퇴했다. 싸움은 허무하게 끝나고, 쓰러진 오빠의 시신(屍身)을 부여잡은 히딤비는 울먹이며 비마에게 애원한다.

"전 이제 혼자예요. 이 엄중한 산 속에서 어떻게 살아야 하죠?"

살려두면 가족에게 위협이 될 것이라고 생각한 비마는 원래 그녀를 죽일 생각을 했다. 하지만 홀로 남은 여인을 해(害)하거나 외면하는 것 또한 도리가 아니었다. 유디스티라도 비마를 말린다. 히딤비는 쿤티 앞에 무릎 꿇고 비마와 결혼하게 해달라고 빈다. 비마는 그녀를 아내로 맞아들인다. 단, 비마는 한 가지 조건을 내걸었다. 일 년 동안만 그녀와 지내고 떠나기로 한 것이다. 그는 다른 운명을 가지고 태어난 존재였고, 영원히 머물 수 없었다. 일 년이 지나고 둘 사이에는 아들 가토카챠가 태어났다. 하지만 그것으로 결혼 생활은 끝이었다. 약속된 시간이 흐르자 비마는 히딤비를 떠난다. 재회를 기약하기 어려운 이별이다.

하지만 히딤비의 미련은 이별을 쉽사리 받아들이기 어렵다. 떠나는 비마가 야속했다. 시한부의 약속이란 그토록 엄중한 것일 줄 미처 생각지 못했다. 일 년이란 너무 짧은 시간이었다. 잡지 못한다면 따라나서고 싶다.

"이 아이는 왕족의 핏물을 타고 난 아이입니다. 이 험난한 곳에서 어찌 저 혼자 아이를 키울 수 있단 말입니까?"

그런 그녀를 말리고 나선 건 크리슈나였다. 그는 히딤비에게 경고했다.

"판두족을 따라나서면 그대는 영원히 악귀로 남을 것이다. 그러나 이대로 머무르며 평생 수행의 길을 걷는다면, 그대의 아들은 자라 전쟁에서 큰 공을 세울 것이고, 그대도 여신으로 숭배될 것이다."

크리슈나는 판두족의 지지자이자 후원자이며 책략가이자 조언가다. 유배 기간 그가 항상 함께 했던 것은 아니지만, 항상 지척에 머물렀다. 그런 크리슈나의 말에 따르지 않을 수 없다. 어찌 보면 비마의 곤란한 개인사를 크리슈나가 해결해준 것이다.

악귀? 여신? 그녀의 진정한 모습은 무엇일까? 사람을 죽이던 악귀는 가족을 죽인 원수를 사랑했다. 사랑하는 사람을 기다리며 평생을 수행하고, 홀로 아들을 기른다. 그런 그녀의 희생이 과연 보상받은 것일까? 이로써 비마와 악귀의 사랑 이야기는 일단락되고, 이제 그 주사위는 아들 가토카챠에게로 넘어간다.

공주의 금지된 사랑

"저 사기꾼을 아느냐? 네 죄를 인정하느냐?"

"아버지, 전 제 자신도 모르는데 감히 누굴 안다고 말씀하세요."

"무엄한지고! 말장난 하지 마라. 그를 믿는 건 죄악이야. 왕국의 믿음을 어지럽히고 널 타락시키고 있단 말이다."

공주는 네가 나를 모르는데 난들 너를 알겠느냐 식의 유체이탈 화법으로 부왕(父王)의 심문을 피한다. 용서를 구하기는커녕 정말 모르는 건 왕이란 듯 달관하여 초탈한 경지다. 오히려 그런 태도가 왕의 분노에 기름을 끼얹는다. 감히 만 백성 앞에서 공주가 왕에게 '타타타' 가르치려 들다니… 격노한 왕은 명한다.

"내 혈육의 정을 희생해서라도 어지러워진 국가의 기강을 바로잡아야겠다. 공주를 우물 속에 던져 넣고, 저 땡중은 산 채로 불태워라."

세세한 사연은 달라도 뒤주에서 아사(餓死)한 사도세자가 히말라야에도 있다. 수도승과 공주의 운명은 비극으로 치닫는 듯하다.

티베트 불교의 밀교 수행법(탄트라 불교)을 전파하던 수도승은 히말라야 아래 만디 인근의 레왈사르 호수에 자리 잡았다. 만디는 마날리와 심라 사이에 위치한 곳이다. 그의 설법(說法)은 효험이 있었던 것인지 일대에 소문이 자자했다. 힌두교도로 자란 공주 만다라바도 그 소문을 듣고 찾아갔는데, 그에게 감명 받은 그녀는 승려의 거처를 수시로 드나들기 시작했다. 남녀 간의 관능적 사랑은 아닐지라도 지혜를 흠모한 플라토닉한 사랑임은 분명했다. 만다라바는 급기야 힌두교와 공주의 신분을 버리고 승려를 수발하며 제자가 되길 소망했다.

논란은 수행법에서 야기되었다. 밀교 수행자였던 만큼 나체로 독특한 의식을 치르기도 했는데, 일종의 신성모독(神聖冒瀆)으로 보고 수상히 여긴 사람들이 있었다. 무엇보다 일국의 공주가 그런 자를 만나러 드나드는 것을 이해할 수 있을 리 없었다. 어느 날 한 소몰이꾼이 둘을 목격한 뒤 왕에게 고했다. "공주가 만나는 자는 사기꾼입니다!"

단순히 국교(國敎)를 저버린 것이 아니라 풍기문란이었다. 흉흉한 민심에 향간의 소문을 들은 왕은 일단 승려를 가두고, 공주를 회유했다. 하지만 이미 공주는 수도승을 간절히 설득해 제자가 된 뒤였다. 부친의 말을 무시하고 감옥에 갇혀 있는 동안에도 둘은 수시로 내통했다. "전 공주가 아니라 그분의 종입니다."

이제 다른 방도가 없었다. 만백성의 아버지인 왕은 친자식을 포기해야 했다. 결국 극형을 내린다.

어느 지점이 역사적 사실과 상징적 은유의 경계일까? 기적이 일어난 건 그때부터였다. 막 화형(火刑)을 집행하려는데 수도승은 스스로 횃불을 건네받더니 말했다.

"너희는 나를 태우지 못하니 스스로 나를 불태우겠다."

그리고는 자신의 몸에 불을 지폈다. 불은 일곱 날을 타오르다가 여드레에 그 자리에 호수가 생겼다. 그 가운데 섬이 떠올랐고 그 위에 핀 연꽃 위로 결가부좌로 앉은 승려의 모습이 나타났다. 그 모습에 왕과 백성 모두 고개를 숙였다. 우물에서 나온 공주 역시 몸에 작은 상처 하나 없었다.

그들이 행한 기적의 진실이 무엇이었든, 이후 이 지역의 불교 신자는 증가한다. 다름 아닌 티베트 불교 전파의 전설적인 이야기다. 수도승의 이름은 다름 아닌 파드마삼바바(연화생·蓮花生, 연꽃에서 태어난 자)다. 석가모니의 화신으로 여겨져 구루 린포체(소중한 스승)란 이름으로도 잘 알려져 있는데, 8세기 티베트와 부탄에서 탄트라 불교를 전파한 인물로 인도 히마찰프라데시 주에서 수도하며 포교활동을 했다는 건 역사적 사실이다.

한편, 공주는 여신으로 추앙받고 그녀를 기린 사원도 세워진다. 일국의 공주가 안락한 삶을 버리고, 수행의 삶을 택했으니 예사롭지 않은 일이다. 그 이유가 미덥지 못하다고 본 사람들은 공주가 곧 구루의 환생(還生)이라고도 주장한다. 어쨌든 그녀의 새로운 믿음, 영적 사랑은 사회적 금기를 깨트린 전설로 남는다.

현자(賢者)의 회춘

수도승과 공주의 이야기를 했다면, 이렇게 된 바에야 현자와 공주의 이야기도 빼놓을 수 없다.

사냥을 떠난 왕이 우연히 현자 차바나의 거처를 지나게 되는데, 함께 따라나선 공주가 장난을 치다가 그만 실수로 현자를 화나게 만든다. 지저분해 어둠 속에 눈에 띄지 않던 늙은 현자의 눈을 나뭇가지로 찌르고 만 것이다. 크게 노한 현자는 왕국에 저주를 내리고, 저주를 풀기 위해선 자신과 공주가 결혼을 해야 한다고 말한다. "선택하시게, 억지로 강요하진 않겠네!"

인도에는 현자를 화낸 까닭에 곤란을 겪는 이야기가 참 많다. 어린 공주의 처지는 물론, 좋은 짝을 지어주려던 아비의 눈에 피눈물이 날 일이다. 고생길 훤한 수행자인 데다가 가난하고 추한 몰골에 나이까지 많은 노인에게 시집을 보내려니 눈물이 나지 않을 수 없다. 하지만 왕국을 위해서는 어쩔 수 없는 노릇이었다. 공주 스스로 현자와 결혼하겠다고 말한다.

현자와 결혼한 공주는 출가해 현자의 거처에 신혼살림을 차린다. 하리야나와 라자스탄 주 경계의 도시 산으로 오늘날 차바나 사원이 세워진 곳이다. 그러던 어느 날, 길을 가는 쌍둥이 형제가 빨래질하던 그녀를 발견한다. 젊고 훤칠한 외모의 그들은 신계(神界)에서 온 '의술(醫術)의 신(神)'이다. "아니 저 아름다운 여인은 하늘에서 내려온 선녀인가, 아니면 공주인가…" 잘 생긴 오지랖일까? 젊은 처자에게 흠뻑 빠진 형제는 곧장 그녀에게 다가가 말을 건다. "보아하니 귀인이신 듯한데, 어찌 이토록 초라한 행색으로 홀로 숲 속을 헤매십니까? 혹 저희가 도와드릴 일은 없는지요?"

공주는 뭇 남정네들을 경계하며 자리를 피하려 하지만, 형제는 앞길을 막으며 더욱 노골적으로 애정을 표현한다. "저희는 천상(天上)에서 왔습니다. 만약 그대가 저희를 선택한다면 기꺼이 천상으로 모시겠습니다." 그러자 그녀는 싸늘한 표정으로 대꾸한다. "전 일국의 공주요 위대한 현자의 아내입니다. 어찌 감히 천상을 핑계로 절 유혹하신답니까!" 하지만 형제는 만만찮다. "현자 말이오? 혹 차바나를 말하시오? 그런 늙은이가 이토록 젊은 아내를 취하다니, 세상에 어찌 그런 음흉한 현자가 다 있겠소! 그대는 이곳이 어울리지 않습니다. 저희가 구출해드리죠. 함께 가시죠!"

물론 공주는 응하지 않는다. 하지만 이들의 유혹을 이미 알고 있는 현자는 그녀에게 묻는다. "젊고 아름다운 여인이 어찌 늙은 수행자를 따를 수 있겠는가? 네가 나와 결혼한 상황은 이해한다. 너의 고귀한 마음씨도 잘 안다. 허나 절박한 상황이 아니었다면 나를 선택했겠느냐? 너는 스스로의 인생을 선택할 권리가 있다. 원한다면 그들을 따르거라. 막진 않겠다!" 이는 아내의 진심을 알고 싶은 현자의 심리 테스트 같은 것이었다. 진실한 마음이 아니라면 붙잡을 필요도 없다. 하지만 공주의 마음도 이미 차분해진 터였다. 처음엔 불가피한 선택이었지만 이젠 그녀도 사랑의 여러 모습을 이해하고 있었다. "아닙니다. 전 당신의 영원한 아내입니다."

하지만 쌍둥이 형제가 가만히 있을 리 없다. 그들은 현자를 도발한다.

"현자여, 사랑은 결코 상대의 내면을 보는 것이 아닙니다. 만나는 순간에 번뜩이는 것이죠. 젊음, 빛나는 외모가 여인의 마음을 얻을 수 있는 것입니다." 그러자 현자는 답한다. "좋네, 그렇게 믿는다면 내 아내가 직접 선택하도록 해보지. 대신 나 역시 자네들과 같은 모습으로 만들어주게나." 같은 조건이라면 누구를 택할지 보자는 것이다. 그럼에도 형제는 자신감에 넘친다.

현자는 형제가 제조한 약을 먹고 몰라보게 젊어진다. 그 회춘(回春)의 명약, 불로초는 오늘날 차반프라시로 불린다. 현자의 이름에서 유래된 것이다. 그 제조법은 원래 브라흐마가 전수했고, 수천 년간 한정된 제자들에게만 대대로 전수되어 왔다. 40여 개 이상의 약초로 만든 아유르베다 전통의 명약으로 오늘날 건강의 상징으로 불린다. 차바나의 후손을 자처하는 이들이 있고, 지금도 유사한 재료는 찾을 수 있지만, 완벽하게 같은 것은 구할 수는 없다고 한다. 진짜는 이제 아무도 못 만든다는 것이다.

이제 세 사람은 나란히 사랑의 시험대에 선다. "이 가운데 당신의 남편이 있소. 당신의 사랑을 입증해 보시오. 그대가 선택하는 자가 곧 새로운 남편이 될 것이니 당신의 남편이 누군지 알아볼 수 있겠소?" 공주는 똑같은 외모의 젊고 아름다운 세 청년이 나타나자 처음에는 겁에 질린다. "이걸 제가 왜 해야 하나요? 이런 내기를 하기 전에 먼저 제 허락부터 구해야 하는 게 아닌가요?" 그녀는 남편을 어떻게 알아볼지 걱정이다. "선택해 보시오. 그대의 결혼은 강제였소, 그것을 진정한 사랑이라고 할 수 있겠소? 선택권을 주고자 함이오. 이건 내기가 아닌 그대에게 주어진 권리요." 곧이어 한 명이 말한다. "내가 당신의 남편이오." 그러자 곁의 미남자가 반발한다. "아니, 내가 당신의 남편이오." 나머지 하나도 결코 굴하지 않는다. "아니요, 내가 바로 당신의 남편이오!" 그녀 앞에 나타난 세 남자는 모두가 똑같은 얼굴을 하고 있고, 모두가 젊고 아름답다. 남편은 누굴까? 공주는 마음이 이끄는 대로 그중 한 명을 택한다. 외면이 아닌 내면을 바라본다.

(참 다행스럽게도) 공주는 남편을 알아본다. 물론 그녀가 선택한 남자가 곧 그녀의 남편이다. 문득 엉뚱한 상상을 해보길, 현자도 이 기회에 젊어지고 싶었을지 모를 일이다. 젊음이란 무엇이고, 진정한 사랑이란 무엇인가.

수도승, 늙은 현자와 젊은 여인의 플라토닉한 사랑이 연이어지니 언뜻 수로부인에게 절벽의 철쭉꽃을 꺾어 바친 〈헌화가(獻花歌)〉[4]도 떠오른다.

자줏빛 바위 가에
잡고 있는 암소 놓게 하시고
나를 아니 부끄러워하시면
꽃을 꺾어 바치오리다

---

4. 삼국유사에 실린 향가로 신라 성덕왕 때 남편 순정공이 강릉 태수로 부임하여 그 부인인 수로부인이 동행하던 중 노인이 절벽의 꽃을 꺾어서 노래와 함께 바치는데, 이것이 〈헌화가〉다. 절세가인이라 임해정(臨海亭)에 이르렀을 때는 용이 나타나 바다 속으로 납치해 가기도 한다.

CHAPTER
3

유배

라마야나 外

○ 라마야나의 주역들

람

아요디아의 왕 다샤라다와 정실인 코살라 왕비의 맏이로 〈라마야나〉의 주인공이다. 크리슈나의 일곱 번째 화신으로 통한다.

시타

람의 아내로 부와 번영의 여신인 락슈미의 화신으로 통한다. 왕족, 신의 혈통, 화신 등 그녀의 출신 배경에 대해서는 다양한 설이 있고, 람과 결혼한 뒤 람의 유배에 동행한다. 〈라마야나〉의 중심인물을 넘어 신격화되며 인도의 대표적인 여성상으로 자리 잡는다.

락슈만

람의 충성스러운 동생으로 다샤라다 왕과 세 번째 부인인 수미트라 사이에 태어난 쌍둥이 형제 중 하나다. 부분(1/4)이 비슈누 신의 화신으로 신격화된 인물이다. 시타의 동생인 우르밀라와 결혼하지만, 아내를 놔둔 채 람의 유배에 동행하며 람을 보호하고 충성을 다하며 모든 여정을 함께 헤쳐 나간다.

하누만

람의 충신이자 헌신적인 숭배자로 숲 속에 거주하는 원숭이 모습을 한 반인반원(半人半猿)족 바라나의 왕이다.

자타유

람의 아버지 다샤라다의 오랜 친구의 아들로 독수리의 모습을 한 반신(半神)이다.

수미트라

다샤라다 왕의 세 번째 부인으로 락슈만의 어머니다.

다샤라다 · 코살라

다샤라다는 아요디아의 왕으로 람의 아버지이고, 코살라는 아요디아의 왕 다샤라다의 첫 번째 아내로 람의 어머니다.

카이케이 · 바라타

카이케이는 다샤라다 왕의 두 번째 부인으로 아들 바라타의 왕위 계승에 욕심을 부리며 람이 유배를 떠나는 계기를 마련한다. 다샤라다 왕의 두 번째 아내 카이케이의 아들로 람의 이복동생인 바라타는 람의 유배를 만류하는 깊은 우애를 발휘한다. 람이 부재한 동안 왕국을 다스린다.

아가스티아

힌두교 일곱 현인 가운데 하나다. 힌두교에서 우러러 보는 현자이자 학자이며 은둔자다. 리그베다와 베다 문학의 작자로도 알려져 있으며, 람에게 가르침을 준다.

라반

라바나라고도 부른다. 랑카의 악마 왕으로 자신의 누이 수르파나카의 코를 자른 람 일행(람과 시타를 위협하자 락슈만이 코를 자른다)에게 앙심을 품고 시타를 납치한 주범이다. 〈라마야나〉와는 별개로 위대한 학자이자 지배자 및 비나 연주에 능통한 인물 혹은 시바의 추종자로 표현되며, 스리랑카, 발리(인도네시아)에서 신격화되어 숭배되기도 한다.

수르파나카

라반의 여동생으로 모습을 바꿀 수 있는 능력을 가졌다. 람에게 접근하지만 제지당하자 시타를 해치려 든다. 이에 락슈만은 그녀의 코와 가슴을 자른다. 랑카로 돌아간 그녀는 라반에게 그 사실을 고하고, 분노한 라반은 형제들과 함께 복수를 다짐한다. 라반의 다른 형제로 쿰바카르나, 비비산나, 카라, 두샤나, 쿠베라 등이 있다.

함께

"나 때문에 참 고생이 많구려."

"당신이 가는 길이라면 기꺼이 따르겠어요."

왕자로 태어난 람은 아내 시타를 얻고 일찍이 선왕(善王)의 자질을 보인다. 그러나 왕좌를 두고 갈등이 싹트자 왕위 계승을 양보한 채 스스로 귀양을 떠난다. 아내 시타도 그 뒤를 따른다. 험난한 귀양길을 그녀도 꼭 동행해야 할까?

시타가 결혼한 건 왕이지 고행자가 아니다. 람조차도 목숨을 담보한 여정이다. 이건 그녀의 싸움이 아니다. 그럼에도 시타는 불확실한 남편의 운명에 동참한다. 돌아온다는 확신은 없다. 당장 두렵고 처량하며 굴욕적이다. 단, 사랑은 확신이 아닌 운명에 대한 믿음이다. 또한 의문투성이의 세상에서 기댈 수 있을 건 고진감래(苦盡甘來)다. 그녀의 싸움은 아니지만, 역설적이게도 람과 함께 하지 않으면 시타가 없는 이야기다. 그리고 〈라마야나〉는 람 혼자가 아닌 '그 일행'이 만들어간 전설적 모험담이다.

〈마하바라타〉의 크리슈나가 그랬듯 〈라마야나〉의 람 또한 비슈누 신(神)

람 일행의 유배(오른쪽부터 람, 시타, 락슈만).

의 또다른 이름이다. 〈라마야나〉의 이야기는 코살라 왕국의 수도 아요디아에서 시작된다. 갠지스 강 지류에 위치한 아요디아가 왜 중요한 힌두교 성지인지 알 수 있는 대목이다.[1] 그러나 패왕지자(霸王之資) 람과 그 일행의 여정을 담은 〈라마야나〉의 스케일은 아요디아에 그치지 않는다. 히말라야에서 스리랑카까지… 지도를 펼치고 아요디아에서 출발해 숲과 숲을 전전한 유배 시기와 모험담의 배경이 된 장소들을 선(線)으로 이어보면 인도 전역을 아우르고, 최소 5000년이 넘는 인도 역사의 키를 가늠해볼 수 있다. 람의 여정이 곧 인도 전역에 펼쳐지고, 그 주된 모험기는 유배시기에 이루어진다.

그러므로 인도 서사시에서 눈에 띄는 키워드는 '유배(流配)'다. 흔히 유배란 죄인을 다스리는 오형(五刑) 가운데 하나로 이미 좌천되어 쇠락한 세

---

1. 이후 그곳을 차지했던 이슬람의 역사와 상충(그들에게도 聖地다)해 핏빛 갈등과 분쟁으로 점철되어 왔다. 문명의 핵심 속성인 종교로 인한 문명 충돌이다.

력의 운명이지만, 인도 이야기 속 귀양살이는 오히려 영웅기의 시작이기도 하다. 힘껏 도약하기 전에 한껏 움츠리듯 유배는 곧 모든 이야기의 백미로 꼽을 만한 여로(旅路)형 모험담으로 이어진다. 〈마하바라타〉의 판두족 형제, 〈라마야나〉의 람 모두 유배를 떠난다. 유배는 영웅의 탄생 '더 비기닝'이다.

람은 자신과 운명을 같이 할 아내 시타, 동생 락슈만과 함께 유배 길에 오른다. 아요디아에서 출발해 아래로, 아래로 내려가는 머나먼 여정이다.

망명자의 거절

신념이고 자존심이고… 힘들고 고달플 때 손을 내밀면 혹하기 쉽다.

"저와 함께 돌아가세요. 아요디아가 형님을 기다립니다."

급기야 동생 바라타가 직접 찾아오자 람의 마음도 심하게 흔들린다. 만약 아버지의 약속과 자신의 맹세가 없었다면 바라타를 아끼는 마음에서라도 당장 돌아갔을지도 모른다. 그만큼 바라타의 간곡한 진심이 전해졌다. 바라타에게 유감은 없었다. 비록 이복형제일지라도 의좋은 형제지간이었다.

다만 바라타가 원한다고 이미 엎지른 물을 주워 담을 수 없다. 떠난 이유가 있는데 돌아가 봐야 좋을 리 없다. 람이 유배를 자청한 건 둘째어머니 카이케이의 소원 때문이었다. 람은 첫째 왕비의 장남이었고, 부왕(父王)의 총애를 받았다. 아무런 문제 없이 왕위를 계승할 참이었다. 람이 왕위에 오른다는 소식에 그를 아들처럼 여긴 카이케이도 처음엔 큰 경사라며 반겼다. 그런데 주위의 간언에 카이케이가 흔들리고 만다. 유모의 말에 귀가 얇아져 턱없는 의심과 두려움을 떨치지 못한 것이다. 람이 왕이 되면 자신과 아들의 지위가 밀리는 건 물론이고, 목숨도 위태롭다고 생각한 것이다. 물론 도량이 넓고 인자한 람이 그럴 리는 없지만, 의심은 의심을 부른다.

"왕이시여! 그때 제게 하신 약조(約條)를 아직 기억하시는지요?"

"물론이오 부인, 무엇이든 소원을 말씀해 보구려."

카이케이는 일찍이 전장에서 다샤라다의 목숨을 구한 적이 있었다. 그때 왕은 무슨 소원이든 들어주겠다고 그녀에게 맹세했는데, 이제 그 소원을 말할 때가 된 것이다.

"제 아들인 바라타를 후계자로 삼고, 람을 14년간 추방해 주소서!"

생각도 못한 카이케이의 소원, 설마 하고 귀를 의심하던 왕은 당황하여 그 자리에 굳어버린다. 하지만 한 입으로 두 말을 할 수 없다. 피눈물을 흘리며 총애하는 아들 람을 불러 그 사정을 이야기할 수밖에 없다. 아버지의 약속, 둘째어머니의 소원, 형제 바라타의 왕위 계승이라는 운명이 람을 기다리고 있었다. 한번 뱉어낸 소원 또한 돌이키기 어렵고, 반발하면 반드시 누군가의 피를 보게 될 것이었다. 해결 방법은 오직 한 가지다. 바로 본인 혼자 그 짐을 짊어지고 희생하는 것이다.

부모와 형제를 진심으로 아낀 람은 어질게도 더 이상의 분란(紛亂)을 일으키지 않고자 스스로 유배를 떠나기로 한다. '왕에서 유배자로 전락하는 건 참으로 순식간이구나.' 이미 먼 길을 떠나 귀양살이를 하는 람의 뇌리엔 그저 지나간 한때의 기억이 되어 스치듯 떠오를 뿐이다. 초탈한 듯한 람에게 바라타는 말한다.

"감정에 휩쓸려 가야 할 길을 잊지 마소서. 무의미한 약속에 얽매이고, 사소한 감정에 스스로를 속박하지 마소서. 아버지와의 약속을 중시하고, 저를 아끼는 마음도 잘 압니다. 그러나 모두가 압니다. 형님이야말로 진정한 아요디아의 왕인 것을…"

바라타로서도 곤란한 일이다. 스스로 유배를 떠났을 때 람은 이미 승리한 것이었다. 언젠가 돌아올 진정한 왕, 허허실실 유배자가 된 람의 명성은 도리어 빛난다. 누군가는 스스로의 안전을 걱정하고 안녕을 꾀할 때 흔들리지 않고 자신의 길을 가는 자가 된 것이다. 아프니까, 잃으니까 얻는 것이다. 바라타 자신은 이미 역사의 조연일 뿐이었다. 바라타의 간청에 마음 아파하며 람은 답한다.

"아닙니다. 아우님께서 이미 아요디아의 왕이십니다. 각자 갈 길을 가는 것이 우리의 운명이니, 저 또한 그 운명을 따를 뿐입니다."

눈앞의 쉬운 길을 고사(固辭)하는 심정이야 이해하기 어렵다. 하지만 더 이상 설득할 수 없다는 것은 바라타도 알 수 있었다. 바라타는 무릎을 꿇으며 말한다.

"형님, 대신 형님의 파두카(신발, 옛 인도의 나막신)를 제게 주십시오. 그것을 왕좌에 올려놓고 돌아오실 날을 기다리겠습니다."

형제의 우애는 빛난다. 하지만 어떤 의미에선 누이 좋고 매부 좋은 일이기도 하다. 바라타는 본의 아니게 서열을 어기고 왕위를 강탈한 꼴이 되었는데, 오명을 벗고 체면치레를 하는 한편 형으로부터 정통성을 인정받은 것이다. 게다가 당시 아요디아는 아직 작은 왕국에 불과했다. 람이 왕이 된다 한들 유배기간의 업적에 이를 순 없었을 것이다. 현자와 사제를 보호하고 명망을 높여 후일을 도모한 셈이다. 그런 까닭에 혹자는 람의 추방이 큰 그림에서 계획된 일이라고도 말한다.

람은 유배를 떠난 14년 중 대부분(11년)의 기간 동안 숲 속을 옮겨 다니며 지냈다. 그중 바라트가 찾아온 곳이 마디아프라데시 주(州) 북동부의 치트라쿠트[2)]에 위치한 카마드기리다. 아직 아요디아에서 멀진 않은 곳이다. 풍족한 왕궁과 같을 순 없지만, 람과 시타는 이곳에서 매우 행복한 시간을 보냈다고 한다. 부부는 가장 높은 곳에 앉아 두런두런 이야기를 나누곤 했다. 락슈만은 곁에서 둘을 지켰는데, 이곳이 락슈마니 산으로도 불리는 이유다. 아요디아의 왕과 왕비가 될 사람은 이렇듯 운명을 탓하지 않는 자연인이 되었다. 그리고 운명 속에서 길을 찾을 것이었다.

만다키리 강이 흐르는 곳으로 당시만 해도 작은 산 속의 숲이었는데, 오랜 세월이 흘러 이제 도시로 변모해 람의 흔적을 따른 숭배자들이 찾는 장소가 되었다. 또한 이곳에서 이루어진 람과 바라타 형제의 재회는 〈라마야나〉에서 가장 아름다운 장면 가운데 하나로 꼽히는데, 형제의 뜨거운 재회에 돌이 녹아내린 발자국이 아직도 남아 있고, 그 장소가 명승지인 바라트 밀랍 사원이 되었다. 돌의 눈물이랄까? 우애 깊은 형제는 서로를 너무나도 그리워했고, 심지어 무생물마저 재회의 감동에 눈물 흘린 것이니, 그건 원래 하나의 문학적 수사(修辭)였을지 모른다고도 생각해본다.

그럼에도 람은 아요디아로 돌아오라는 바라타의 청(請)을 거절한다. 바라타가 돌아가고 며칠 후 람은 지금보다 더 먼 곳으로 떠난다. 아직 사랑하는데 헤어지면 더 멀어지려 하는 것과 비슷한 이치다. 바라타의 방문으로 마음이 흔들려 방황하던 람은 그런 식으로 허함을 달래고 정을 떼며 마음을 굳게 다잡는 것이다. 이제 람 일행은 단다카 숲으로 향한다. 마침 지나가던 현자와 그 아내는 시타에게 앞으로 남편을 어떻게 대해야 할지 일러준다.

"곧 깊은 숲에 들어갈 것이네. 남편을 사랑하는 아내에겐 항상 무기가 있어야 하지. 자신을 아름답게 가꾸게. 소박하게 살며 남편을 사랑하시게."

람은 위태로운 권력에 연연하지 않고 더욱 멀고 깊숙한 곳으로 기약 없는 유배를 떠난다.

---

2. 치트라쿠트는 불가사의함의 언덕(Hill of many wonders)으로 불리는데, 인도 마디아프라데시와 우타르프라데시 주에 걸쳐 있다.

사슴 같은 형수

    인도 중서부 나시크(마하라슈트라 주 고다바리 강 유역)에 이른 람 일행은 금욕적인 삶을 추구하며 은둔자의 삶을 살아간다. 그러나 조용히 고개 숙이고 몸을 낮춰도 빛나는 건 어쩔 수 없다. 이내 일대에 명성이 자자해지고 일행은 생각지 못한 상황에 처한다. 어느 날 현자가 찾아와 람에게 부탁한다.

    "덕분에 이곳 사람들의 삶이 더욱 안전해지고 번영하고 있습니다. 다만 숲 저편엔 항상 위험이 도사리고 있습니다. 저희와 악귀(惡鬼) 간에 협정을 맺었지만, 저희 현자들이 수행할 때면 악귀들이 나타나 문제를 일으킵니다."

    자초지종을 들어보니 일촉즉발의 영토 분쟁이 이어지고 있었다. 저편 너머 단다카 숲에서부터 악마 왕 라반(라바나라고도 함)이 다스리는 랑카의 영토고, 그 일족이 협정을 어기고 수시로 침범해 재산을 약탈하고 훼손하며 아녀자들을 납치해 간 것이다. 악귀들의 힘은 갈수록 세져 심지어 현자들까지 잡아먹고 그렇게 쌓인 뼈가 산을 이룬다고도 했다. 장차 라반은 모두를 몰살하고 이곳을 차지할 요량인 것이다. 현자는 람에게 악귀를 섬멸해 달란 부탁을 한다. 조용히 은거(隱居)하고 싶지만 마땅히 해야 할 정의로운 의무니 외면할 수 없다. 람은 현자에게 약속한다.

"맹세하겠습니다. 제가 악귀들을 처단하겠습니다. 저희가 있는 한 설령 라반이라도 이곳을 넘보지 못하게 할 것입니다."

람은 고다바리 강가로 현자 아가스티아를 찾아가 악귀를 처단할 지혜를 구한다.

"어찌 하면 좋겠습니까?"

"이미 알고 있는 것을 왜 물으십니까?"

그러면서 그는 람에게 활을 건넨다. 비슈누의 활이다.

"당신 것이니 드리겠습니다. 앞으로 모든 순간 시험에 들 것입니다. 하지만 당신은 이미 준비가 되어있습니다. 가야 할 길을 가십시오. 그 길을 걷기 위해 태어난 분이시여!"

람은 라반이 기다리는 단다카 숲으로 향하고 이야기는 새로운 국면에 접어든다. 람은 그곳의 악귀들을 처단한다. 하지만 그 행위는 악마 왕 라반을 도발하고, 앙심을 품은 라반은 복수를 위한 계략을 꾸민다.

어느 날, 람 일행 앞에 사슴 한 마리가 나타난다. 황금빛으로 빛나는 아름다운 자태를 보니 은둔 생활에 순응하던 시타도 조금 욕심이 난다. 몸은 지치고 옷은 낡았는데 숲 생활은 너무 추웠다. 사슴 털로 옷 한 벌 지어 입으면 좋을 것 같다.

"저 사슴을 잡아 주실 수 있겠습니까?"

느낌이 좋지 않지만 고생하는 아내의 부탁에 람이 주저하자, 락슈만이 대신 답한다.

"형수님, 사슴의 목숨을 취하는 일은 자연의 섭리를 거스르는 일입니다. 자연의 섭리를 거스르면 거기엔 어떤 예상치 못한 일이 숨어 있을지 모를 일이죠."

찜찜한 기분의 람도 락슈만의 말에 십분 수긍한다. 본디 살생이란 그렇다. 또 다른 서사시〈마하바라타〉의 사슴도 예사롭지 않은 존재였다. 사냥을 나선 판두가 사슴으로 분(扮)한 현자를 실수로 살생하며 스스로 유배를 떠났다. 그리고 결과적으로 그 일은 두 세력의 운명적 갈등을 야기하고 골육상잔(骨肉相殘)의 전쟁으로 이어졌다. 나비 대신 사슴 효과다. 느낌이 좋지 않다. 하지만 거절하고자 시타의 얼굴을 돌아본 람의 마음은 짠하다. 차마 이런 부탁마저 거절하기가 어렵다. '날 만난 죄로 고생하는 아내는 무슨 잘못인가?' 그는 동생에게 시타를 맡기고 사냥을 나선다.

"내가 다녀오겠소. 락슈만, 형수를 잘 지키고 있어라."

람이 사슴을 쫓아 숲 속으로 사라진 지 얼마쯤 시간이 흐른다. 멀리 숲 속에서 도와달라는 람의 비명 소리가 들린다. 그 목소리에 시타와 락슈만은 평정심을 잃고 크게 당황하고 만다. 필시 악귀들이 혼자 있는 람을 기습한 것이 틀림없었다. 조바심이 난 시타는 락슈만을 재촉한다.

"어서 형에게 가보세요!"

"하지만 형수님, 형님은 어떤 일이 있어도 이곳에서 형수님을 지키라고 하셨습니다."

"무슨 말씀이세요? 지금 문제는 제가 아니에요. 형님에게 변고가 생기면 정말 큰일입니다. 그 정도 분별력도 없다니 도련님은 혹 다른 마음이라도 품고 계신 것 아닙니까? 형님 대신 왕위를…"

그제야 락슈만의 마음이 움직인다. 형수를 무방비 상태에 놔둔다는 건 마뜩지 않지만, 형을 향한 충심(衷心)을 의심받긴 싫다. 형수의 재촉을 더는 버텨낼 재간이 없다. 락슈만은 시타를 보호하는 나무(반얀 나무) 둘레에 둥글게 보호선을 그어 결계(結界)를 세우고 시타에게 반드시 그 안에만 머

시타를 납치하는 악마 왕 라반.

물도록 신신당부했다.

"형수님, 거기 가만 그대로 기다리세요!"

락슈만은 서둘러 형이 있는 곳으로 달려간다.

한참을 내달린 끝에 비로소 형을 발견한 락슈만은 안도의 한숨을 내쉰다.

"다행입니다 형님, 무사하셨군요!"

위험에 빠진 줄 알았던 람이 무사한 것을 보고 기뻐하는 락슈만과 얼굴을 마주보는 순간 람의 뇌리엔 한 가지 불안한 생각이 스치듯 지나간다. 아뿔싸!

사슴이 문제가 아니다. 형제는 시타가 남아 있는 나무로 쏜살같이 달려가기 시작한다. 모든 게 라반의 치밀한 계략이다. 수하(手下)를 황금 사슴으로 둔갑시켜 람을 유인하고, 람의 거짓 비명소리로 락슈만을 유인해낸 뒤

무방비 상태의 시타를 납치하는 것이다. 다만 라반은 시타를 둘러싼 결계(結界)를 깰 수 없다. 그 선을 넘을 수 없는 라반은 현자로 변장해 시타 앞에 나타난다. 결계 앞을 지나가던 현자가 시타에게 말을 건다.

"지나가는 수행자입니다만 자비를 베풀어 공양을 베풀어주시겠소?"

시타는 락슈만의 당부도 있었던 터라 사정을 말하고 선 안에 머문 채 현자를 응대하려고 한다. 그러자 현자는 불 같이 화를 내며 엄포를 놓는다.

"결계에 묶인 자비 따위는 받지 않겠네! 감히 날 모욕하다니 너한테 저주를…"

"그만 고정하십시오. 제가 밖으로 나가겠습니다."

현자를 화나게 한 시타는 당황한 나머지 선 밖으로 한 발짝 나서고 만다. '됐다. 걸려 들었다!' 순간 현자의 얼굴은 라반으로 바뀐다. 결계 밖으로 끌어내는 데 성공한 악마 왕은 순식간에 시타를 낚아채고, 회심의 미소를 지으며 자신의 땅 랑카로 그녀를 납치해간다. 형제가 돌아왔을 때는 이미 한 발 늦은 뒤다.

이것이 〈라마야나〉에 등장하는 시타 납치 사건의 전말이다. 람 일행이 유배를 떠나 머문 나시크는 람의 명령을 받은 락슈만이 라반의 누이 수르파나카의 코(나시카)를 자른 데에서 유래한 지명이다. 그곳에 흐르는 강이 그 코와 닮았다는데, 3천 년 넘은 전설이 전해주는 믿음이다. 오늘날 나시크가 성지(聖地)로 꼽히는 건 당연하다. 〈라마야나〉의 무대일 뿐 아니라, 12년마다 한 번 찾아오는 대축제 쿰브 멜라가 열리는 4대 성지[3] 가운데 하나이고, 무굴 제국 아크바르 황제의 고향이자 이슬람의 성지이기도 하다. 신화와 전설의 땅이자 역사, 문화적 요지라고 할 수 있다.

얽히고설킨 인도 땅의 이야기만큼 〈라마야나〉 자체도 많은 버전(108개)이 존재한다. 그중 널리 인정받는 것이 발미끼가 편찬한 〈라마야나〉다. 편찬이란 표현을 쓰듯 한 개인의 작품으로 보긴 어려운데, 그 가장 큰 이유 중 하나가 이야기를 둘러싼 광범위한 지리적 배경이다. 히말라야에서 스리랑카까지 인도의 동서남북을 아우르는 지리적 스케일은 일생을 바치더라도 고대의 인물이 도저히 감당할 수 없을 이동 거리다. 그러므로 〈라마야나〉는 여러 지역, 다수의 필자가 기록한 이야기를 모으고 정선(精選)해 발미끼의 손을 거쳐 지금에 이른다고 본다.

그러므로 람이란 인물은 매우 함축적이다. 람이란 인물은 하나이면서 여럿이고, 그 반대이기도 하다. 실존했던 당시 그가 정확히 어떤 인물이었는지는 이제 알 길이 없지만, 지금 전해지는 람은 완벽한 남편, 형제, 군주, 신의 화신 등이 하나로 집약된 이상적인 인물이자 '워너비'라고 할 수 있다. 그는 곧 진리고 정의다. 그런데 한 가지 눈여겨봐야 할 건 그런 이상적인 존재 람도 실은 매우 인간적이란 점이다. 그는 모험적 여정 속에 실수하고 좌절하며 고난을 극복해나간다.

---

3. 하리드와르, 알라하바드(프라야그), 나시크, 우자인에서 열린다. 힌두 신화에서 신과 악마들이 불사(不死)의 음료 암리타가 든 항아리(쿰브)를 차지하지 위해 12일 간 싸움을 벌였고, 비슈누 신이 항아리를 천상으로 옮기기까지 네 곳에 암리타 방울을 떨어뜨렸던 일에서 기원한 축제다. 하리드와르의 갠지스 강, 알라하바드의 갠지스와 야무나 강, 나시크의 고다바리 강, 우자인의 시프라 강이 바로 그곳인데, 순차적으로 떨어뜨린 만큼 각지의 축제가 돌아오는 시기는 엇갈려 각기 다르다. 다만 그 사이에 아르다(절반) 쿰브 멜라도 열리니 2~3년 사이에 한 번 꼴로 네 곳 가운데 한 곳에서 축제가 열린다.

오공(悟空)처럼

납치된 시타를 찾아 나선 람은 실패를 거듭한다. 아무리 해도 랑카(지금의 스리랑카)로 이르는 길은 찾을 수 없고, 아내를 되찾는 일은 요원하다. 이대로 무너지는가… 그 절체절명의 상황에 등장한 인물이 하누만(원숭이神)이다. 위기의 순간 귀인을 만나듯 충직하고 용감한 하누만은 람의 천군만마(千軍萬馬)가 된다. 그의 도움으로 시타의 소재를 파악하고 랑카로 가는 길을 연다. 특히 하누만이 락슈만을 구한 이야기는 그의 활약상 중 백미로 꼽힌다.

랑카 전쟁이 벌어지고 람과 락슈만 형제가 라반에게 손쉽게 승리를 거둔 것은 아니었다. 라반의 두 아들과 일전(一戰)을 벌이던 형제는 연전연패하며 위기에 몰리고, 락슈만은 독화살을 맞고 사경을 헤맨다. 이대로는 죽음을 피할 수 없다. 쓰러진 동생을 끌어안은 람은 절규한다.

"동생아, 널 이렇게 보낼 순 없다!"

살릴 수 있는 방법은 단 하나다. 히말라야 기슭(지금의 심라)에만 자라는 산지바니 약초를 구해야 한다. 달밤에만 효력을 발휘하므로 약초는 동트기

(일출) 전까지 가져와야 하고, 그 임무를 완수할 수 있을 자는 오직 하나밖에 없다. 하누만이 곧 바람 신(神)의 아들이었다.

특명을 받은 하누만은 곧장 히말라야로 날아갔다. 그런데 막상 히말라야에 이르자 마음만 급할 뿐 막막하다. 광대한 산맥 속 어느 산(現 알모라의 드로나기리산, 두나기리라고도 함)에 약초가 있고, 엇비슷한 약초 중에 어떤 것을 가져가야 할지도 몰랐다. 어쩔 줄 몰라 산맥 위를 헤매던 그는 문득 어떤 소리를 듣고 그대로 멈췄다.

"자이 스리 람(람 만세)! 스리 람, 스리 람…"

람을 찬양하는 어느 현자의 목소리였다. 그 소리를 들은 하누만은 생각할 겨를 없이 소리가 나는 방향으로 내려갔다. 마음도 급하거니와 격한 반가움에 너무 힘껏 발을 내디며 산은 반으로 꺼질 정도였다(4분의 1로 줄었다고도 한다).

"현자여, 제게 길을 가르쳐주시겠습니까?"

하지만 한창 명상에 집중하던 현자를 방해했으니 기분이 좋을 리 없다. 두서없이 길을 묻는 하누만에게 현자는 화를 낸다. 그는 평범한 현자가 아닌 산을 지키는 숲 속의 정령(精靈) 야차(夜叉)였고, 이곳은 그의 거주지다.

"너는 감히 누구길래, 내 명상을 방해하느냐!"

하누만은 분노한 현자를 겨우 달래며 자초지종을 설명한다.

"저는 현자께서 찬양하시는 람의 신하 하누만입니다. 급히 약초를 구하려고 길을 헤매고 있습니다. 절 도와주시지 않으시겠습니까?"

"그대가 람의 신하라는 것을 어떻게 믿느냐? 그걸 입증하면 내 기꺼이 도움을 주겠다."

"그렇다면 눈을 감고 람을 떠올리십시오. 그분은 지금 현자의 도움을 필요로 하십니다."

믿음은 마음으로 통하는 것이라 그제야 의심을 푼 현자지만, 그럼에도 그는 하누만에게 한 가지 조건을 내건다.

"좋다. 대신 약초를 찾아 돌아가는 길에 내게 꼭 들러야 한다."

하누만은 기꺼이 약조하고, 이에 현자는 길을 알려준다. 하지만 어렵사리 약초를 구한 하누만은 한시도 지체할 겨를이 없다. 현자와의 약속을 어기고 곧장 지름길로 돌아간다. 사경을 헤매는 락슈만을 구하기 위해선 동이 트기 전까지 서둘러 돌아가야 한다. 아무리 기다려도 하누만이 나타나지 않자 현자는 의심하며 분노한다. 그때 아차 싶었던 하누만은 다시금 기지(機智)를 발휘하는데, 현자 앞에 자신의 우상(분신)을 드러내 문제를 무마시킨 것이다.

충직하고 용감한 원숭이, 하늘을 날고. 분신술을 펼치며 놀라운 기지로 위기를 모면하는 원숭이는 어쩐지 낯이 익다. 인도를 순례한 삼장법사의 〈대당서역기(大唐西域記)〉를 모티브로 한 소설 〈서유기〉에 등장하는 손오공은 하누만을 모델로 한다. 하누만과 인도의 오랜 설화뿐 아니라 인도 도처엔 가득한 원숭이들을 만날 때면 절로 고개를 끄덕이게 되는 이야기다. 특히 약초를 찾아 하누만이 찾아온 곳, 지금의 심라엔 인간과 원숭이가 어우러져 사는 건 흔한 일이다. 이곳은 원숭이들의 서식지와 다를 바 없다.

한편 이곳 심라엔 자쿠 만디르(사원)가 있다. 하누만에게 갈 길을 일러주었던 야차(夜叉), 즉 '야크샤'에서 파생돼 '자카'가 지금에 이르러 '자쿠'로 불리는 것인데, 지금도 이곳에선 산지바니 약초를 구할 수 있다고 한다. 사람들은 구분할 수 없지만 원숭이들은 어떤 약초를 써야 할지 알고 있다는 설도 있다. 싸워서 상처를 입은 원숭이들이 언제 그랬냐는 듯 금방 회복되어 나타나기 때문이다. 이러한 이야기는 하누만에 대한 오랜 사랑과 믿음이

랑카로 가는 길을 여는 하누만.

증폭된 결과물일 것이다. 그는 어떤 난관에도 굴하지 않고 임기응변을 발휘해 신의(信義)를 지키고 맡은 바 소임을 다하는 인물이다.

그런데 하누만의 재치는 여기서 멈추지 않는다. 이야기는 절정으로 치닫는다.

"아니 약초를 가져오랬더니… 산을 통째로 가져왔구나!"

하누만이 급한 나머지 산을 통째로 옮긴 것이다. 현자의 도움으로 길은 어렵게 찾았지만 산은 깊고 약초의 종류는 너무나도 많았다. 그러자 이것저것 따질 것 없이 산을 가져왔다. 우공이산(愚公移山)처럼 우직한 면도 느끼지만, 그보다는 지혜롭고 센스가 넘친다. 이 대목에서 모두들 웃음을 참지 못한다. 곤란한 상황에서 실수 없이 임무를 완수하기 위한 좋은 묘책이란 이런 것이었다. 모래밭에서 바늘 찾기와 진배없는 일에 섣부른 도박을

아름다운 풍경으로 유명한 칼카-심라 철도 노선.

하누만을 연상시키는 인도 원숭이들.

걸기보다는 안전하지만 확실한 방법이다. 하찮은 심부름을 할 때도 정답을
몰라 주저할 때는 고를 수 있는 선택지를 가져오는 것이 차선의 진리이기도
하다.

전해지는 이야기에 따르면, 옮겼던 산을 다시 가져다 놓았다고 하고, 그
산이 뜬금없게도 스리랑카에 가 있다는 설도 있다. 어쨌든 동이 트기 전
에 약초를 구해왔고, 락슈만은 살아난다. 람에 대한 사랑, 충정, 지혜, 하누
만의 완벽한 승리였다. 이는 곧 람의 승리였다. 하누만에게 감명 받은 람이
말한다.

"오늘 너는 나를 위해 수르야(태양의 신)를 물리쳤구나!"

람은 마침내 악마 왕 라반을 무찌르고 아내를 되찾는다. 그는 장차 아요
디아의 왕좌를 되찾고, 시타는 왕비가 된다. 그 여정에 하누만은 시타를 찾

고, 락슈만을 살리며 람의 승리를 돕는 지대한 공을 세웠다. 꼭 삼장법사의 손오공 아니, 그 손오공의 시초라고 볼 수 있는 그를 사랑하고 숭배하지 않을 수 없는 이유다. 인도의 길거리에서 단 하루라도 하누만의 신상(神像)이 눈에 띄지 않는 날은 드물다.

5000년 넘은 〈마하바라타〉의 내용을 두고 '세상의 모든 것이 〈마하바라타〉에 있고, 〈마하바라타〉에 없는 것은 세상에도 없다'고 한다면, 그에 필적하는 〈라마야나〉는 '시간보다 위대하고 역사보다 오랜 이야기'라고 한다. 인도의 2대 서사시다. 어릴 적부터 심취하여 듣는 이야기로 삶에 적지 않은 영향을 주는데, 그것은 거의 모든 인도인의 입장에서 그렇다.

특히 람이 그렇다. 〈라마야나〉에서 그의 일생은 크게 세 가지 이상(理想)으로 축약되는데, 첫째는 속세의 욕망을 버리는 것, 둘째는 불의에 맞서 악마를 처단하고 정의를 구현하는 것이며, 셋째는 이상적인 왕국을 건설하는 것으로 만인의 본보기가 되어준다. 인도 여성들에게 람은 이상적인 남편감이고, 시타 또한 대표적인 여성상이다. 생각하기에 따라 인도인 모두가 람과 시타일 수 있는 셈이다.

그밖에 등장인물들도 인간의 다양한 측면을 투영하고 시사하는 바가 많아 이를 통해 세상의 이치를 터득하니 삶의 지침서이자 교본이다. 혹자는 너무 오래된 까닭에 역사가 아닌 픽션이 되어버렸다고 할 수 있지만, 그 오랜 이야기들은 이야기를 초월한 경전이고, 이미 인도인들에게 역사 이상의 의미를 지닌다.

일어나라 새야!

하누만의 활약은 고무적이지만 전장에서 모두 살아남을 수는 없다.

람이 없는 틈을 타 그의 아내 시타를 납치한 악마 라반을 쫓던 자타유는 랑카에 이르러 라반과 일전(一戰)을 겨룬다. 독수리의 모습을 한 자타유도 라반 못지않게 강하지만, 노쇠한 까닭에 끝내 라반을 이겨내지 못한다. 한쪽 날개를 잃고 하늘에서 떨어진 자타유… 한발 늦게 도착한 람은 죽어가는 그와 마주하게 된다. 람이 말한다. "레 파크시!"

레 파크시는 텔루구어(語)로 '일어나라, 새야'란 뜻인데, 바로 〈라마야나〉에서 충의를 지킨 자타유가 죽음에 이르러 해방을 얻는 장소가 바로 이곳 남인도 안드라프라데시 주 레파크시다. 한편 이곳엔 16세기 비자야나가르를 통치하던 두 형제인 비라나와 비루파나가 세운 비르바드라 사원이 있다. 45년 만에야 완성되었듯 심혈을 기울인 곳으로 남인도 사원으로서 상당한 가치를 지닌 유적이다. 전해지는 바에 따르면 이곳은 시바 신을 섬기는 사원으로 파르바티가 불에 몸을 던져 죽자 분노한 시바 신이 나타난 곳이라고도 한다.

충신 자타유의 죽음.

　사원의 백미는 기둥이다. 흥미로운 기둥이 있는데, 사원을 받치는 70개의 기둥 중 하나가 바닥에서 떨어져 허공에 떠 있다. 이것을 '매달린 기둥'이라고 부른다. 이 하나의 기둥이 사원 전체의 중심과 균형을 잡아준다고하니 유일하게 뜬 것이 모든 걸 받친 꼴이다. 영국인들이 미스터리를 풀기위한 실험(1902년)을 했는데, 그때 오히려 기둥이 내려앉고 나머지 69개기둥엔 금이 갔다고 한다. 아직 그 비밀을 밝힌 사람은 아무도 없다. 기둥아래로 천을 통과시킬 수 있으면 행운을 얻고 번영한다고 믿는다.

　사실 나머지 기둥들도 하나하나 놀라운 건 매한가지로 신(神)을 상징하는 다채로운 모습이 조각되어 있다. 그밖에 사원 천장의 벽화 또한 상당부분 잘 보존되어 있고, 사원 외부의 조각상들도 훌륭하다. 시바신과 파르바티의 결혼식을 묘사한 미완의 정원(칼리안 홀)이 있고, 화려하게 치장한채 방문자들을 축복하듯 입구를 굽어보는 십이(十二) 성인(聖人)의 조각상과 일곱 개의 머리를 가진 채 똬리를 튼 뱀 모양의 거대 링가 상(像) 등이 있다.

소문의 추방

"너무 덧칠하지 마!" 미술 시간에 곧잘 듣던 말이다. 잘 해보려고 한 것
이지만 넘치면 모자란만 못할 때가 있다. 람의 승리에 더해진 후일담도 다
소 그렇게 느껴진다.

람은 납치된 시타를 구출한다. 납치된 사이 시타는 라반의 유혹에 넘어
가지 않고 정절을 지켰지만, 외간 남자(악마)의 거처에 머물렀다는 이유만
으로 스스로 불길에 뛰어든다. 하지만 아그니(불의 神)는 결백한 그녀를 태
우지 않고, 재회한 람과 시타는 귀양을 마치고 아요디아로 돌아가 왕좌에
오른다. 비로소 태평성대가 열린다.

그런데 향간에 묘한 소문이 돌기 시작한다(여기서부터는 훗날 덧붙여진
부분이다). "글쎄… 믿을 수 있을까? 그렇게 오래 붙잡혀 있었는데?" 시타
는 결백하다. 람도 시타의 말에 일말의 의심도 품지 않는다. 하지만 백성들
은 시타에게 끝없는 의심을 품는다. 외간 남자 라반의 거처에 오래 머물며
아무 일이 없었다는 게 결코 말이 되지 않는다는 것이다. 왕국에는 왕비가
부정(不貞)을 저질렀다는 소문이 돌고, 민심은 흉흉해진다. 소문은 입에서

입을 거치며 기정사실화 되고, 잔인한 오명(汚名)이 되어 돌아온다.

사람들은 아내가 부득이한 일로 집을 비워도 빈정대기 시작한다. "내가 람인가? 외박이나 하고 온 아내를 의심 없이 받아주게?" 마침 임신을 한 상태였던 시타는 불명예스러운 여인이 되어 버린다. 소문은 람의 귀에도 들어간다. 람은 소문에 흔들릴 인물이 아니다. 진실과 거짓을 구별했고, 함께 동고동락(同苦同樂)한 아내를 믿어 의심치 않았다. 그녀는 람의 운명을 자기 것으로 받아들인 고결한 여인이고 믿음은 여전히 굳건했다. 그러나 커져 가는 백성의 원성을 저버릴 수 없었다. 이 일은 더 이상 개인의 신뢰 문제가 아닌 왕국의 스캔들로 번진 것이다. 권위적이지 않고 백성의 편에 서길 원한 람이 간과할 수 없을 지경에 이른다.

"왕의 의무는 백성의 말에 귀를 기울이는 것이오." 민의를 통치 기반으로 한 왕에게 두려운 건 왕을 신뢰하지 않는 백성이다. 왕궁의 법도를 지키면서 문제를 해결할 방법은 하나였다. 결국 시타를 왕국에서 추방하기로 결정한다. 람은 무거운 마음으로 략슈만을 불러 명령을 내린다. 락슈만은 형의 결정에 크게 반발한다. 그는 모든 여정을 함께 해왔기에 형과 형수와 함께 한 역경(逆境)이 아직도 눈에 선하다. "왕이시여, 아니 형님 어찌 그런 결정을 내리십니까? 그간 함께한 나날을 잊으셨단 말입니까? 그것도 임신한 형수를 추방하다니요!" 조강지처를 버린 것이고, 어떤 의미에선 토사구팽(兎死狗烹)이다. 형수를 누구보다도 아낀 시동생은 억장이 무너진다. 더욱이 그런 동생에게 가슴 시린 추방의 명을 내린 것 또한 잔혹하다. 한신(韓信)을 버린 유방(劉邦)처럼 냉정한 처사다.

그럼에도 락슈만에게 그 명령을 내린 건, 그가 충심으로 명령에 따르면서도 시타를 안전한 곳으로 피신시켜 적절히 보살필 것을 알고 있었기 때문이다. 이미 시타와도 교감한 터였다. 슬프고 억울하며 화가 났지만 시타는 오래 전 묵묵히 유배 길에 올랐듯 이번에도 자신의 운명을 받아들였다. 다만 이번엔 남편 대신 뱃속의 아이들과 떠나는 길이다. 락슈만은 임신한 시타를 데리고 숲 속으로 향한다. 시타는 임신한 동안 현자의 은둔처(아슈람)에서 살고 싶다고 했다. 결코 위로가 되진 못하겠지만 신성한 장소고, 공기 맑고 깨끗한 요양지였다.

유배지에 도착하고, 시타는 락슈만에게 당부한다.

"형님이 상심이 크실 것입니다. 저 대신 곁에서 위로하고 잘 보필해 주세요."

흔히 시타는 대지(大地)의 딸이라고 한다. 그녀는 은신처에서 쌍둥이를 낳고, 훗날 람은 이 아이들을 자신의 친자식으로 인정하며 데려간다. 하지만 시타는 자신의 고결함을 만천하에 입증하듯 대지가 자신을 삼켜주길 소원하고, 이때 땅이 열리며 대지 속으로 사라진다. 그 자리엔 오직 시타만을 모시는 사원이 세워졌는데, 지금의 라자스탄 주 바란이다. 한편 람은 하늘로 올라가는데, 이때 람이 신격화된다. 비슈누 신의 화신이니 다시 신계(神界)로 복귀한다는 의미다.

원래 이런 부분은 원작에 없던 이야기를 훗날 덧붙인 것[4]이다. 원작을 정의하기 어려우니 원작을 운운하기가 애매하다. 다만 덧붙일 당시의 가치관이 덧칠된 부분으로, 오늘날 왕비에 대한 그 소문과 오해의 전말은 재평가 받는다.

---

4. 총 7권 중 발미끼가 최초 편찬한 부분에서 훗날 1편과 7편이 첨가되었다. 첨가된 부분에서 람이 신격화되고, 힌두 정통파의 가치관이 투영되었다.

CHAPTER
4

운명
마하바라타 外

운명의 주사위

　유배는 〈마하바라타〉에서도 중요한 전기(轉機)를 마련한다. 한 차례 실패하고 추방당해 본 적이 없다면 감히 낄 수 없을 역전(逆轉)의 서사시다.

　쿠루족의 왕위를 계승한 판두는 속세를 떠나 고행 길에 오르고, 눈이 멀어 본디 왕이 될 수 없었던 드리타라스트라가 그를 대신해 왕국을 다스리게 된다. 고행을 떠난 판두는 신의 축복을 받아 유디스티라, 비마, 아르주나 등 다섯 아들을 얻는다.

　이 다섯 형제가 장성해 곧 판두족을 이룬다. 한편 눈 먼 왕 드리타라스트라 역시 아이를 가진다. 그러나 쿤티(판두의 첫째 부인)가 먼저 출산했다는 소식을 들은 그의 아내 간다리는 시기심에 배를 때려 흉측한 살덩이를 낳고 만다. 그 살덩이는 백 하나의 살점으로 갈라지고, 각각 항아리에 넣어 봉하니 정확히 이 년 뒤에 백 명의 아들과 한 명의 딸이 나온다. 이중 백 명의 형제가 곧 카우라바족으로 성장한다. 쿠루족의 한 핏줄인 판두족과 카우라바족은 하나의 왕좌를 두고 떠오른 두 개의 태양이 된다.

　왕국은 번영한다. 그러나 사심(私心)에 눈 먼 드리타라스트라는 천명(天

운명의 주사위 놀이와 능멸 당하는 드라우파티.

命)을 거슬러 판두족을 박해하고, 영토의 절반을 떼어준다는 명분으로 불모지로 쫓아낸다. 그럼에도 판두족 형제들은 그곳을 융성한 땅으로 일구어내며 그 명성을 만방에 떨친다. 이를 시기한 카우라바족은 판두족 형제를 도발하고, 두 종족 간엔 운명을 건 주사위 놀이가 벌어진다. 판두족의 맏형 유디스티라는 타고난 주사위 놀이꾼 샤쿠니를 앞세운 카우라바족에게 연전연패(連戰連敗)를 거듭하고, 땅과 재산 그리고 동생들까지 잃고 만다. 판돈을 다 잃은 그를 향해 카우라바족은 본색을 드러낸다.

"그대들의 아내 드라우파티 공주가 남아있지 않소? 공주를 걸어 잃은 걸 되찾는 것이 어떻겠소?"

인도의 고대 역사이기도 한 〈마하바라타〉는 다른 한편으론 판두족 형제의 성장기나 다름없다. 그들이 온갖 고비를 극복하고 성군(聖君)의 시대를 여는 과정을 그린다. 비록 지금은 실패하지만 두려워하지 않고 정면으로 부딪혀 그 실패의 쓰라림을 온몸으로 맛본다. 그들은 실패를 성공한다. 그래도 도박은 하지 말아야 하거늘…

하지만 이미 주사위는 던져졌다. 어쩌다 여기까지 온 걸까? 승리에 흥분한 카우라바족은 선언한다. "드라우파티를 얻었소!" 판두족은 뒤늦게 카우라바족의 음흉한 음모를 깨닫지만, 이미 던져진 주사위는 물릴 수 없다. 군중 앞으로 끌려 나온 드라우파티는 카우라바족에 의해 능멸을 당하고 모든 것을 다 잃은 판두족은 망연자실 지켜본다. 그들은 혹독한 대가를 치른다. 이 또한 운명이다.

와신상담(臥薪嘗膽)

부정을 저지른 자 역시 비극으로 치닫는 불길한 운명을 직감하지 못할 바 아니다. 신의 분노가 두려운 드리타라스트라는 결단을 내리고 사태를 진정시킨다. 주사위 놀이 끝에 노예가 된 판두족과 왕비를 풀어주고 빼앗은 땅도 돌려준다. "주사위 놀이를 허락한 것은 오로지 너희들을 시험해보기 위함이었다." 하지만 갈대와 같은 드리타라스트의 마지막 양심은 안으로 굽은 팔을 이기지 못한다. 아들들의 간언(諫言)에 넘어간 그는 일구이언을 하고 만다. "한 번 더 주사위를 던져라." 알고도 막을 수 없는 운명이다. 모두가 통탄하며 만류하지만 도리 없다.

왕국을 건 마지막 주사위 놀이가 펼쳐진다. 이번에 지는 쪽은 왕국을 내놓고, 14년의 유배 생활 뒤에야 돌아올 수 있다. 승부의 결과는 뻔하다. 하지만 판두족은 왕명(王命)을 거스를 수 없다. 판두족은 모든 것을 잃고 유배를 떠난다. 일찍이 남편의 고행을 따라나섰던 어머니 쿤티만 남고, 이번엔 드라우파티가 남편들을 뒤따른다.

치욕을 겪은 그들은 흙과 재로 얼굴을 가리고 숲으로 향한다. 가는 길

유배를 떠난 판두족 다섯 형제들.

에 괴물이 막아서지만 분노한 그들을 막을 수 없다. 판두족 형제들을 돕던 크리슈나(비슈누 신의 화신)도 욕망에 눈이 먼 쿠루족의 횡포에 치를 떨며 격노한다. 신의 격렬한 분노다. 이 모든 게 크리슈나가 처절한 전쟁을 치르며 자리를 비운 사이 일어난 일이었다. 마침 그의 바하나[1]가 파괴된 것이다. 크리슈나는 유배가 끝날 즈음 다시 오기로 약속한다. 지금은 그가 할 수 있는 일이 없다. 신과 신의 아이들은 그날을 기약하며 뜨거운 포옹을 나눈다. 그들은 엄중한 복수를 다짐한다. 카우라바족이 왕국을 돌려줄 리 없다. 쿠루족은 분열되고 전쟁은 피할 수 없는 일이다.

판두족은 분노를 다스리며 와신상담한다. 성마른 비마는 보채고, 드라우파티도 처지를 비관하지만 백 명의 카우라바족 외에 다수의 쿠루족까지 그들의 편에 서 있다. 카우라바족의 힘은 막강하고, 쿠루족 장군들은 천상의 무기에 통달했다. 재물과 군사도 넘친다. 반면 판두족은 가진 것이 없다.

---

1. 신(神)의 탈 것으로 동물이나 마차, 전차 등 천상의 운송 수단이다.

동맹도 없다. 유디스티라는 형제와 아내를 달랜다.

허무하게 가진 것을 잃고, 잃은 것을 간절하게 도모하며 다시 쟁취해내기까지 결국 운명에 따라 주사위를 던지고, 그 대가(代價) 또한 신이 부여한 고난의 숙명으로 받아들인다. 지금 당한 치욕은 향후 그들의 성장과 복수의 원동력이 되어줄 것이다. 하지만 아직은 아니다. 그들은 아직 힘을 키워야 한다.

판두족의 희망은 아르주나다. 그는 수행을 거듭하고, 형제들을 대표해 천상의 무기를 얻기 위해 신들이 기거하는 히말라야로 떠난다. 그 사이 유리스티라와 나머지 형제는 드라우파티를 보호하고, 고비를 극복하며 스스로를 단련시켜 나간다. 한편 인드라와 마주한 아르주나는 천상의 모든 무기를 다룰 수 있게 되고, 어떤 무기도 뚫지 못할 갑옷을 선물 받는다. 그는 형제와 아내를 떠난 지 다섯 해 만에 인드라의 황금 마차를 몰고 돌아온다. 판두족 형제들은 크리슈나와도 재회한다. "이제 잃은 것을 되찾을 시간이 다가온다."

전쟁은 되도록 피하고 싶지만 다른 방법이 없다.

살인 함정

　카우라바족도 전쟁을 원한 건 아니다. 다만 그들은 평화의 의미를 좀 다르게 이해했다. 유배를 떠난 판두가 수명을 다하고 쿤티와 판두족 형제들이 고향으로 돌아왔을 때였다(아직 드라우파티를 아내로 얻기 전이었다). 두르요다나가 유디스티라에게 청한다. "사촌, 초대에 응해주시게나. 화해의 뜻으로 자네들을 위한 멋진 집도 지어놓았네. 지난 일은 다 잊고 쿤티 숙모를 모시고 와 원하는 만큼 편히 머무르시게!" 그토록 판두족 형제를 박해했던 그가 화해의 손을 내민 것이다. 이대로 가면 돌이킬 수 없는 비극이 벌어질 건 불을 보듯 뻔하다. 두리요다나도 그것만큼은 피하고 싶을지 모른다. 유디스티라는 반가운 마음으로 응한다.

　하지만 이때 그 자리에 동석한 비두라가 은밀한 언어로 유디스티라에게 말한다. "무기란 꼭 쇠로 만들어지는 건 아닙니다. 강철이나 날카로운 물질이 아니더라도 능히 적(敵)을 죽일 수 있는 법이지요." 비두라는 판두족과 카우라바족 모두의 삼촌으로 쿠루족 왕국(하스티나푸르)의 재상(宰相)이다. 그 말을 들은 유디스티라는 고개를 갸웃한다. 하지만 평화를 유지할 수 있다면 지푸라기라도 잡아야 한다. 그는 초대에 응한다.

두르요다나는 숙모와 사촌들을 위해 선의(善意)를 베푼다. 당대 최고의 건축가인 푸로차나를 불러 왕궁을 지어놓은 것이다. 모두가 그 화려함에 감탄한다. 게다가 푸로차나는 불편함이 없도록 왕궁 바로 앞 자신의 거처에 머무르겠다고 한다. 그러자 비두라는 또 다시 아무도 듣지 못할 기회를 틈타 묘한 말을 남긴다. "불은 영혼을 태울 순 없지만, 육체를 소멸시키지요. 단 그 영혼이 살아있다면 보호받을 수 있습니다." 무언가 낌새가 이상하다.

모두가 물러가고 새로운 왕궁에 남은 쿤티와 판두족 형제들은 고민한다. 비두라 삼촌의 말에 뼈가 서린 듯했다. 두르요다나가 모를 때 은밀한 언어로 말한 것도 예사롭지 않다. 모종의 경고일까? 살펴보니 과연 궁전에는 뒷문이 없다. 왕궁 또한 불에 잘 타는 재료로 지어져 있다. 모두들 의심스러운 눈길로 맏형을 바라보며 말한다. "형님, 위험합니다. 필시 우리를 해코지할 악랄한 계략을 세워두었을 겁니다!"

유디스티라 역시 위기를 직감한다. "그래, 비두라 삼촌이 의미 없는 말씀은 하지 않으시지…" 그러고 보면 사쿠니 역시 판두족이 이곳으로 향할 때 웃음을 보였다. 게다가 푸로차나가 코 앞에서 지킨다는 건 도망가지 못하도록 일거수일투족을 감시하겠다는 뜻이다. 의심이 확신으로 굳어진다. 사쿠니와 푸로차나 모두 카우라바족 사람들이다. 숙소를 제공하고 판두족을 암살하려고 간계(奸計)를 꾸민 것이다. "산 채로 태워 죽일 셈이구나!" 서둘러 이곳을 빠져나가야 한다. 그러나 판두족은 이미 덫에 걸린 셈이다.

발을 동동 구르며 어찌 해야 할지 난감해 하는데, 때마침 비두라가 보낸 사자(使者)가 판두족을 접견한다. 그 사자는 광부(鑛夫)로 쥐를 가져왔는데, 절망에 빠진 형제들은 비로소 깜깜한 어둠 속 한 줄기 빛을 본다. 일찍이 비두라가 해둔 말이 떠올랐다. "불이 나면 숲을 태울 순 있지만 쥐를 다치게 할 순 없지요. 쥐들은 땅에 굴을 파서 피하기 때문입니다. 현자는 별을 보면 가야 할 길을 아는 법이지요." 비두라의 사자는 이내 쥐를 놓아 굴을 파기 시작한다. 유디스티라가 말한다. "삼촌이 살 길을 일러주시려나 보네."

비두라는 여러 차례 직언으로 왕국의 분열을 막으려 했던 인물이다. 하지만 모욕만 당하고, 그 결과 판두족의 편에 선 것이다. 왕궁이 세워진 언덕은 동굴이 많았다. 그 아래로 굴을 뚫으면 동굴로 연결되고 그 길은 야무나 강으로 통한다. 강을 따라가면 탈출할 수 있다. 문제는 적당한 탈출 시기다. 그들은 달이 뜨지 않는 삭일(朔日) 밤 암살을 실행할 것이었다. 계획을 알았으니 가능한 빨리 벗어나고 싶지만 적의 의도를 명확히 해두고 싶었다. 목숨을 원한다면 너무 일찍 떠나도 다시 기회를 노릴 것이다.

쿤티와 판두족 형제들은 암살을 시도하기 직전에 떠나기로 한다. 그래야 그들이 눈치 채지 못하고, 죽은 것으로 생각할 것이다. 판두족 형제는 자신들 대신 부족민 다섯을 불러 궁전에 재운 채 탈출한다. 예정대로 왕궁은 화마(火魔)에 휩싸인다. 불에 탄 시체를 본 두르요다나는 흡족해하며 판두족 형제들이 죽었다고 생각한다. 이 부분이 바로 〈마하바라타〉에서 락샤그라하로 불리는 장(章)이다. 그것으로 카우라바의 속마음도 분명해졌다. 한 쪽이 죽어야지만 끝나는 일이다. 판두족 형제의 여정은 거기서 시작되어 쿠루크셰트라의 전장(戰場)에서 끝난다.

유배와 추방… 암살 시도까지 양측은 돌이킬 수 없을 갈림길에 접어든다. 〈마하바라타〉에서 중요하지 않은 이야기가 없지만, 락샤그라하가 중요한 전환점이 되는 건 분명하다. 그 무대가 되는 곳이 바라나바트인데, 지금의 우타르프라데시 주 미루트 인근의 바르나바 마을이라고 한다. 물론 의견은 분분하다. 고고학적 증거나 흔적은 남아있지 않고, 다른 장소를 지목하는 이들도 있다.

우타르칸드 주 라카만달 또한 그중 한 곳이다. '라크'는 십만을 뜻하고, '만달'은 시바 신상(神像)과 그 받침을 뜻하는데, 수십만의 신상이 모인 곳이다. 로마나 아테네는 어딜 파도 유적이라고 하던가? 라카만달 역시 어디를 파도 신상이 나온다는데, 이를 두고 사람들은 기적이라고 믿는다. 한편 역사의 관점에서 보면 이곳은 종교예술의 중심지였다. 옛 공방에서 수많은 신상을 만들었던 것이 출토된 것이라고 본다. 어쨌든 수십만 개의 신상이 있으니 라카만달이다. 조각가들이 주로 시바의 추종자였으니 시바상이 많은 것으로 본다.

여기에 락샤그라하의 이야기가 더해져 라카만달은 죽음을 피할 수 있는 곳으로도 여겨진다. 그런 의미에서 '모다'라고도 불린다. '모다'는 망자(亡者)의 부활을 뜻하는데, 판두족이 죽음의 고비에서 살아난 것과 통한다. 이곳에서 사람들은 망자를 살리려고 하고, 악마는 망자의 영혼을 데려가려고 해 생사의 갈등이 일어나는 곳으로 여겨지며 그러한 의식이 펼쳐진다. 그 믿음을 상징하는 곳이 라카만달 사원이다. 6세기경 한 왕비가 세운 곳인데, 코끼리에서 낙상(落傷)해 죽은 남편을 살리고자 의식을 거행한 장소라고 한다. 락샤그라하의 배경, 망자의 부활에 대한 증거는 없지만, 도처에 시바 신상이 보이니 생사의 갈등이 머무는 곳이다.

두 번째 모욕

유배 13년째, 판두족의 유배생활은 어느덧 막바지에 접어든다. 하지만 그들에겐 마지막 운명의 시험이 남아있다. 카우라바족은 호시탐탐 판두족 형제를 노리며 첩자를 보낸다. 암중모색하던 판두족 형제는 운명의 시간이 오기까지 끝까지 몸을 숨기기로 다짐한다. 오랜 유배 생활로 피폐해진 몰골로 길을 떠난 그들은 수행자나 사냥꾼 행세를 하며 한 왕국에 몰래 숨어든다.

판두족은 자신보다 낮은 곳에서 더 낮은 자세를 취한다. 유디스티라는 주사위 놀이꾼이 되고, 비마는 요리사, 나쿨라는 마부, 사하데바는 소몰이가 된다. 드라우파티 역시 왕비의 시녀가 된다. 그리고 세상의 태양, 지고한 브라만, 지상 최고의 궁수(弓手)인 아르주나는… 환관이 되기로 한다. "형님, 저는 제 삼의 성(性)이 되겠소!" 유디스티라는 비통한 마음에 외친다. "나의 동생 아르주나여, 정말 가혹하구나. 네가 고자라니!"

하지만 아르주나는 인드라의 명을 기억하고 있었다. "세상이 파멸에 이를지니, 경솔하지 말거라." 정당한 이유 없이 자신과 천상의 무기를 드러내지 말라는 뜻이었다. 마지막 시험에 드는 형제들은 다짐한다. "이제 일 년만 참

으면 잃어버린 왕국을 되찾을 수 있다." 숨죽여 지낼 자리를 얻은 판두족
은 그처럼 처절한 인내로 마지막 유배 생활을 보낸다. 마지막 시험이다. 그
러나 최후의 시험이 가장 무거운 법이다.

유배 마지막 해, 판두족은 정체를 숨기기 위해 노력하고 어느덧 열한 달이
지나간다. 그러나 마지막 한 달, 왕비의 시녀로 숨어 있던 드라우파티가 시험
에 든다. 우연히 그녀를 목격하게 된 한 장군이 그녀의 아름다움에 이성(理
性)을 잃고 집착에 빠진다. 욕정에 사로잡힌 그는 왕국 내 최고 실력자로 드
라우파티의 완강한 거부에도 불구하고 노골적으로 그녀를 유혹하려 든다.

드라우파티는 주사위 게임에 이어 다시 한 번 씻기 어려울 모욕을 당한
다. 왕비의 심부름으로 어쩔 수 없이 장군의 거처로 가게 된 그녀는 장군으
로부터 가까스로 몸을 지키고, 위대한 남편들도 자신을 지켜주지 못한다며
서러움에 복받쳐 참았던 눈물을 쏟는다. 이에 둘째 비마의 분노가 폭발한
다. 그는 드라우파티로 하여금 장군을 유인토록 해 처단한다. 남의 아내를
탐한 자의 무참(無慘)한 최후다. 그러나 이 사건의 화살은 다시 드라우파티
에게로 향한다. 장군의 병사들은 장군을 유인한 그녀를 고발하고, 체포되
어 산 채로 화장될 위기에 처한 것이다.

다시 한 번 비마가 나선다. 위기에 처한 아내를 구하고 그녀를 모함한 수
백의 병사를 처단한다. 장군과 병사의 죽음에 관한 소문은 삽시간에 퍼진
다. 아직 유배가 끝나기까지 보름을 앞둔 시기였다. 숨겨왔던 판두족의 신
분은 마지막에 노출되고 만다. 더 이상 숨어있을 수 없는 운명이다.

한편 카우라바족은 장군의 죽음에 관한 소문을 듣고 그 범상치 않은 자
들은 필시 판두족 형제가 틀림없을 것으로 생각한다. 판두족을 말살시키려
던 그들은 군대를 보낸다. 아르주나가 그들과 마주한다. 그의 눈앞에 보이
는 건 쿠루족 군대, 그의 동무와 존경하는 스승이다.

CHAPTER
5

희생

시바, 크리슈나 外

사티

시바의 아내다. 시바와 결혼한 것을 달갑게 여기지 않던 그녀의 친족들이 결혼 후에도 시바와 자신을 모독하자, 명예를 지키기 위해 스스로 불 속에 뛰어든다. 이것이 남편이 죽으면 뒤따르던 인도의 옛 순장(殉葬) 풍습 즉, '사티의 풍습'이다. 이후 악습화(惡習化)되어 악용되는 사례가 보고되며 1829년 금지령이 내려진다.

파르바티

영겁의 세월을 거쳐 다시금 시바를 찾아온 사티의 환생이다.

두르가

내면의 악(惡)에 대한 선(善)의 승리를 상징하는 여신이다. 정의와 평화 그리고 번영을 추구하는데, 손에 온갖 무기를 들고 사자와 호랑이를 타고 다니는 여전사로 묘사된다. 파르바티의 또 다른 모습으로 통한다.

칼리

파괴의 여신이다. 신들의 수호자로 해탈과 자유를 수여해주는 존재다. 종종 발아래로 시바 신을 깔고 선 채 춤을 추는 모습으로 묘사되는데, 칼리 여신 아래 엎드린 시바는 차분하며 순종적이다. 어원적 의미로 '칼리'는 검은색, 약속된 시간 즉, 죽음을 뜻하는데, 마침 시바에게 칼라라는 별칭이 있고 칼리는 칼라의 여성 형태이기도 하다.

그의 결혼식

사랑과 유배 그리고 암살 미수… 인도 이야기엔 애수(哀愁)가 넘친다. 그리고 그 슬픔은 어쩌면 불같은 신, 브라흐마와 비슈누까지 굴복시킨 가장 강력한 신(神) 시바의 상실로부터 출발하는 것일지도 모르겠다.

일찍이 신들의 싸움에서 증명되었듯, 시바의 힘은 가공할 만했다. 이를 본 신들은 이제 그 없인 자칫 우주가 멸망할 것임을 이해한다. 즉, 파괴와 재창조의 힘을 지닌 시바가 순순히 동참해야 우주가 유지되는 것이다. 그런 시바를 통제할 수 있을까? 인간이 그렇듯 신을 길들일 방법은 오직 한 가지, 바로 결혼이다. 브라흐마와 비슈누는 시바와 사티의 결혼을 주선한다.

사티 또한 오래도록 그 결혼을 소망해왔다. 사티는 이름 그대로 진리를 뜻하는 진실한 여인이다. 그러나 그녀의 아버지 다크샤 왕의 생각은 다르다. 시바는 평소 재를 끼얹은 고행자(苦行者)의 모습으로 돌아다녔다. 브라흐마의 아들 중 하나인 다크샤는 그런 시바를 경멸해왔고, 딸을 그런 부랑자에게 보내기 싫었다.[1] 그는 불같이 화를 내며 딸을 만류한다. 하지만 사티는 아버지와 달리 시바에 대한 믿음이 있었고, 이 결혼에 대해 이미 확고한 의지를 가지고 있었다. 결국 다크샤도 어쩔 수 없이 둘의 결혼을 방관하고, 사티는 시바를 따라 출가(出嫁)한다.

얼마 후, 다크샤는 하리드와르 칸칼에서 대규모 희생제(犧牲祭)를 연다. 하지만 모든 신과 여신을 초대하면서 시바와 사티만은 초대하지 않는다. 분이 풀리지 않은 것인데, 아무리 출가외인이라지만 너무한 처사다. 시타는 시바에게 하소연한다.

"우리만 초대받지 못하다니 불쾌하지 않으세요? 아무래도 가봐야겠어요, 저와 함께 가세요."

"아무 소용없구려."

"절 혼자 보내시려고요? 이토록 모욕당하는 걸 가만히 지켜만 보시겠다고요?"

사티가 계속 조르자 시바가 일갈한다.

"왜 타인에게 좌지우지되는 것이오?"

"이건 명예가 걸린 일이에요. 가서 틀렸단 걸 보여줘야 해요."

"소용없소."

"그럼 저 혼자서라도 갈게요!"

결국 사티는 홀로 희생제에 참석한다. 초대 받지 못한 불청객이었으니 사티는 관례를 어긴 것이고, 아버지는 딸을 냉대한다. 그녀는 아버지에게 왜 시바를 초대하지 않았는지 이유를 따진다. 하지만 다크샤는 딸에게 차가운 말을 쏟아붙인다.

---

1. 전해지는 이야기에 따르면 다크샤는 24명의 딸이 있었다(62명 혹은 89명이라고도 함). 믿음, 진실 등 각각 의미 있는 이름을 붙였고, 여러 신에게 시집보냈다.

"여기 모신 건 신이다. 재를 끼얹은 이상한 요물을 내 집에 들일 수 없다!"

"불공평한 처사입니다. 이런 모욕은 더 이상 참기 어렵습니다!"

"그 녀석과 결혼할 때 넌 이미 내 딸이길 포기했어. 내 딸이나 시바의 아내냐 둘 중 하나만 선택할 수 있으니, 이건 네가 자초한 일이야!"

모두 앞에서 모욕을 받은 사티는 분노한다. 울분을 참을 수 없던 그녀는 그대로 희생제의 불길 속으로 뛰어든다.

"똑똑히 들으세요. 오늘 저는 당신에게 물려받은 몸을 버립니다. 육신(肉身)에서 해방되어 앞으로 모든 생을 시바와 함께할 것을 맹세합니다."

아버지가 준 몸은 이제 속박이다. 그 육체는 시바와 자신을 갈라놓을 뿐이다. 그 수치스런 몸으론 시바에게 돌아갈 수 없으니 차라리 버린다.

"홀로 가더니 재가 되어 돌아왔구려!"

사티가 불에 몸을 던졌다는 소식에 시바는 격분한다. 아내의 죽음에 크게 슬퍼한 그는 분노의 형태로 돌변하고, 사티의 시체를 가져와 어깨에 짊어진다. 그는 파괴의 춤을 추며 온 우주를 돌아다닌다. 다크샤를 참수할 뿐 아니라 사티와 자신을 능멸한 모두에게 분노를 드러낸다. 피비린내 나는 복수다. 시바가 폭주하자 너도나도 공포에 떨며 자비를 구한다. 신들은 걱정한다. 시바가 멈추지 않으면 큰일이다. 브라흐마가 창조하고 비슈누가 유지하며 시바가 파괴해온 우주의 흐름에 일대 혼란이 야기된 것이다. 더 끔찍한 일이 벌어질 수도 있다. 이제 의지할 건 비슈누밖에 없다. 모든 신들이 그에게 기도하며 소원한다.

"제발 시바를 진정시켜 주십시오."

심각성을 인지한 비슈누는 방법을 궁리한다. 일단 사티를 향한 시바의 집착부터 멈춰야 한다. 하지만 인연은 또 있으니 그만 잊으라며 어깨를 두드려서 해결될 문제는 아니다. 비슈누는 집착으로부터 시바를 해방시키고 마음을 진정시키기 위한 극단의 조치를 취한다. 비슈누는 사티의 환생(還生)을 약속하고, 자신이 가진 천상의 무기(수다르샤나 차크라)를 던져 사티의 시신(屍身)을 조각낸다. 51개로 조각난 사티의 신체가 시바의 어깨에서 세상으로 떨어지자 시바는 비로소 평정심을 되찾는다.

사티의 신체가 지상에 떨어진 51개 장소 모두가 성소(聖所)가 되었다. 이른바 샥티 피타스, 사티 신전의 유래다. 그중 네 군데가 히마찰프라데시 친트푸르니에 있다. 샥티 피타스의 주요 성지 순례지다. 샥티란 힌두교에서 우주의 여성적 힘, 신성한 어머니 등을 뜻한다. 사티 또한 샥티다. 시바의 아내이기 때문이 아니라 스스로를 희생해 신격화되고 영생(永生)을 얻었기에 그녀는 사티 여신이다. 혀, 가슴, 발… 세상에 떨어진 그녀의 신체 하나하나로 또 다른 신이 탄생하니, 그러한 파생(派生)이 곧 우주의 여성적 창조력이다. 사티는 어머니 여신으로 숭배되고, 여러 기적이 회자된다.

공포의 시간은 지나갔다. 안정을 되찾은 시바는 폭주의 시간 동안 절멸시킨 모든 것들을 원상태로 돌려놓는다. 자비를 베풀어 다크샤 또한 다시 살아난다. 왕의 자리도 되돌려준다. 아무리 못마땅해도 장인은 장인이고 사위는 사위다. 다만 원래의 머리 대신 염소 머리를 붙여준다. 동물의 왕이나 되란 뜻이다. 이로써 교훈을 얻은 염소왕 다크샤는 남은 평생 시바 신만을 섬긴다.

"다음 생애(生涯)도 당신과 함께 하겠소!" 시바는 사티의 환생을 기다린다. 시간을 초월한 사랑의 그리움이란 그렇듯 신도 기다림의 벗으로 만든다. 불같은 성격이지만 일편단심 우직한 사랑이다. 그것이 츤데레 시바의 매력이다. 사티 또한 시바와 다시 만나기 위해 몇 번의 환생을 거친다. 기다림은 죽음과 파괴의 속죄이기도 했다. 수백 년의 기다림 끝에 사티는 파르바티로 환생한다. 시바는 낯선 여인에게서 익숙한 향기를 느낀다.

방방곡곡 그녀의 흔적, 샤티는 인도다 (샥티 피타스)

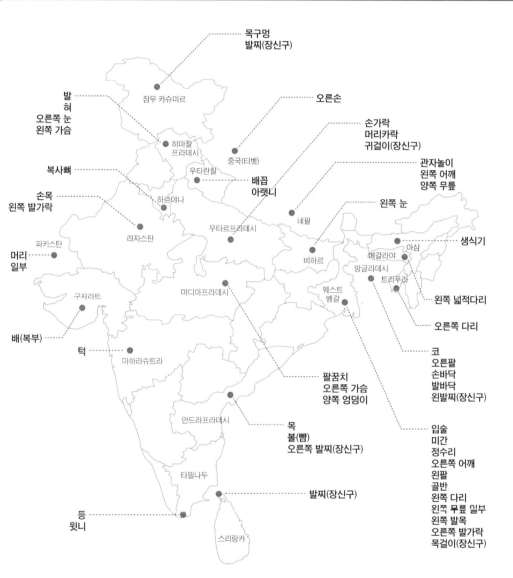

목구멍
발찌(장신구)

오른손

발
혀
오른쪽 눈
왼쪽 가슴

잠무 카슈미르

손가락
머리카락
귀걸이(장신구)

히마찰
프라데시

중국(티벳)

관자놀이
왼쪽 어깨
양쪽 무릎

복사뼈

우타란찰

배꼽
아랫니

손목
왼쪽 발가락

하르야나

왼쪽 눈

우타르프라데시

네팔

머리
일부

파키스탄

라자스탄

아삼

생식기

메갈라야
방글라데시

구자라트

마디아프라데시

비하르

트리푸라

왼쪽 넓적다리

웨스트
벵갈

오른쪽 다리

배(복부)

코
오른팔
손바닥
발바닥
왼발찌(장신구)

턱

마하라슈트라

팔꿈치
오른쪽 가슴
양쪽 엉덩이

안드라프라데시

목
볼(뺨)
오른쪽 발찌(장신구)

입술
미간
정수리
오른쪽 어깨
왼팔
골반
왼쪽 다리
왼쪽 무릎 일부
왼쪽 발목
오른쪽 발가락
목걸이(장신구)

타밀나두

발찌(장신구)

등
윗니

스리랑카

샥티 피타스의 일부 위치를 정리한 지도다.
인도, 파키스탄, 방글라데시, 네팔, 부탄, 스리랑카를 포함한
전역에 흩어져 있으며 명확한 위치에 대해선 이견이 있다.

영원(永遠)의 짝

어려서부터 애타도록 시바를 노래 불렀다던가?

다섯 살의 어린 공주가 어머니에게 고집을 부린다. "시바하고 결혼시켜 주세요, 어서요." 난감한 왕비는 아이를 달랜다. "얘야, 넌 아직 너무 어리단다." 그래도 아이는 울고 불며 떼를 쓴다. "싫어요, 싫어!" 크면 좋은 짝도 많을 텐데… 신(神)이 아이돌 뺨치는 얘기다.

공주의 이름은 파르바티다. 이미 다섯 살에 전생(前生)의 남편을 기억해 낸 것이다. 세월이 흘러 혼기에 찬 공주는 여전히 시바만을 갈망한다. 청혼하는 남성들을 모조리 거부한 채 아무 남편감도 고르지 않는다. 걱정스런 부왕이 묻는다. "신과 왕이 될 사람 모두를 외면하니, 네 마음에 드는 사람이 없는 게냐?" 그러자 공주는 단호하게 답한다. "아버지, 전 이미 마음에 둔 사람이 있습니다. 제 남편 될 사람은 오직 한 사람입니다."

어릴 적부터 계속된 시바 팬덤에 질릴 대로 질린 아버지는 부아가 치밀어 오른다. "그만해라! 철 좀 들어라. 왜 자꾸 불가능한 소릴 하는 거냐!" 나이가 들어도 멈추지 않는 덕질에 벽에 걸린 포스터를 찢어버리고 싶은

영원한 하나의 사랑과 재회한 시바.

부모의 심정이란 이런 걸까? 그러나 그럴수록 공주는 확신에 찬 목소리로 맞선다. "제 마음 속엔 오로지 그분뿐인 것을 왜 안 된다고 하시나요?" 반쯤 체념한 아버지가 딸에게 말한다. "네가 원한다고 쉽게 되는 일이 아니야. 그를 따라가면 너도 혹독한 고행(苦行)을 해야 해." 자식 이기는 부모 없다고 한다. "그럼 고행하면 되지 않습니까!"

결국 공주는 시바와 결혼한다. 시바를 기다리는 신부 앞에 온몸에 재를 가득 묻힌 수행자(修行者)가 나타난다. 그는 자신이 시바라고 소개한다. 공주의 부모는 도저히 믿을 수 없다. "저 사람이 시바일 리 없다. 내 딸을 저런 거지에게 보낼 수 없다. 이건 말도 안 된다." 하긴 눈엔 눈곱이 끼고 인중엔 콧물이 흐르니 어떤 부모가 딸을 보내고 싶을까? 혹자는 시바가 너무 무서운 모습으로 나타났다고도 한다. 뱀 목걸이를 두르고 황소를 타고 나타났으며 그 결혼식은 괴인(怪人)들로 가득했다고 한다. 아무리 시바라도 그 또한 부모의 가슴이 짓이겨질 광경이다.

하지만 염소왕의 일화를 벌써 잊은 걸까? 물론 이는 시바가 의도한 바다. 시바에겐 여러 가지 모습이 있고, 하필 잔칫날 더욱 끔찍한 모습으로 나타난 건 파르바티의 진심을 시험해보기 위함이다. 이런 끔찍한 모습으로 나타나도 과연 결혼하겠다고 할까? 그런데 이때 공주의 오빠가 나서 말한다. "겉모습에 현혹되지 마세요. 그의 많은 모습 가운데 하나일 뿐입니다. 숨겨진 모습을 보세요." 바로 그는 사티의 환생을 약속했던 비슈누다. 그는 누구보다도 시바의 엉뚱한 면모를 잘 알고, 그 의중 또한 꿰뚫고 있었다. 파르바티의 오빠로 분(扮)한 그는 같은 실수가 반복되지 않도록 부모를 설득한다. 어떤 모습으로 나타나든 결혼해야 하며 그것이 신의 뜻이라고 한 것이다. 이런 이야기가 전해져 지금도 인도의 어느 곳에선 신랑이 시바처럼 지저분한 모습으로 나타나고 결혼식엔 괴이한 차림새의 사람들이 가득하다고 한다.

서로가 서로를 알아보자 시바 역시 오랜 아내에게 변치 않는 사랑의 세레나데를 바친다. 결혼식이 시작되고 식장엔 불을 지핀다. 사티는 불 속에 뛰어들었고 그 전생의 업으로 환생해 끝내 시바와 재회했다. 이젠 영원히 꺼지지 않을 불꽃을 지피며 시바와 파르바티는 영원을 맹세하는 것이니 이는 일편단심 영원한 사랑의 증표나 다름없다. 오랜 희생의 결실이다.

혼자는 불안하고 둘은 완벽하다. 각기 남성과 여성적 에너지로 우주의 (재)창조에 관여하니 둘은 곧 우주의 조화다. 파르바티가 없는 시바는 약하다고도 한다. 그저 명상에 빠진 채 힘이 없다. 하지만 함께 하면 완벽해진다. 둘은 수행의 장소인 카일라스 산으로 향한다. 시바가 명상에 잠기던 장소다. 그리하여 오늘날 파르바티 또한 항상 고행하는 모습으로 그려진다.

그 불꽃이 남은 곳은 우타라칸드 주 케다르나트에 있는 트리유기나라얀 사원이다. '트리유기'는 이 시간이 유지되는 세 번의 시기 정도로 풀이되는데, 사람들은 그 어떤 천재지변이 일어나도 그 동안은(사실상 영원히) 불꽃이 꺼지지 않을 것으로 믿는다. 불꽃은 지금도 여전히 타오른다. 혹 지하에 유전(油田)이라도 있는 걸까? 그런 물증은 없다. 분명한 건 몇 세대에 거쳐 불꽃이 존재해왔고, 여기에 얽힌 사랑 이야기도 그동안 거듭 회자되어 왔다는 사실이다. 학자들은 이 사원이 생각만큼 오래되진 않았다고 하지만, 사람들은 설령 그렇더라도 이미 이전에 다른 사원이 존재했을 것이라고 본다. 의심하려고 믿는 사람은 없다.

이곳은 둘의 결혼을 중재한 비슈누가 결혼식을 열어준 장소로 비슈누를 모시는 사원이다. 시바의 혼인식이 이뤄진 비슈누의 웨딩홀이니 성지(聖地)순례지다. 많은 신혼부부들이 이곳을 찾아 영원한 불꽃 주위를 도는 의식을 치른다. 그러면 축복받은 결혼 생활을 할 수 있다는 믿음 때문이다. 〈마하바라타〉의 판두족 형제들도 다녀갔다고 한다. 그들이 와보니 사원이 손상되어 있어 복원했다고 한다. 사원 벽엔 〈마하바라타〉의 이야기도 새겨져 있다. 비슈누와 시바 신의 추종자 모두가 찾는 곳이다. 두 종파는 가끔 서로 어느 신이 우월한지 논쟁을 벌이지만, 정작 두 신은 태평하게 이곳에서 만나 화해의 결혼식을 열었다고 하니 혹 신앙의 우열을 가린다면 되새길 일이다.

이곳 여성들은 람(비슈누 신의 화신)보다 시바를 더 완벽한 남편으로 여긴다. 그런 남편을 얻기 위해 단식도 한다는데, 이들이 바라는 신부의 모습이란 결국 파르바티다.

그나저나 현생(現生)에선 못 만나도 다음 생엔 만날 수 있다니… 괜찮다. 참 위로가 된다.

순교자

"크리슈나여 걱정 마소서, 제가 그리 하겠나이다."

비마와 결혼한 악귀 히딤비. 크리슈나의 조언대로 그녀는 홀로 남아 평생을 수행하며 아들 가토카챠를 키운다. 심지어 수년 후 비마가 다시 돌아왔을 때조차 그녀는 아무런 불만 없이 자신을 버리고 간 남편을 받아주었다. 그런 맹목적인 사랑과 희생 그리고 헌신의 유산을 아들 가토카챠가 고스란히 이어받는다. 부정(父情)에 목마른 아들은 함께 하고 싶고 인정받고 싶다. 역사의 한 장면에 자신의 몫을 찾던 젊은이는 다가올 쿠루크셰트라 전쟁에서 그 기회를 엿본다.

"아버지 편에서 목숨 바쳐 싸우겠습니다."

마침 그의 손엔 굉장한 무기가 쥐어져 있었다. 바로 전장을 초토화할 만한 화살이다.

하지만 그 무기가 지나치게 강력했다. 일단 날아간 화살은 모두가 뒤엉켜 싸우는 전장 어딘가에 떨어질 것이고, 그곳에 누가 있든 피아(彼我) 구별 없이 모두를 살생할 것이다. 현대판 대량살상무기에 비견될 가공할 무기였다. 그 희생의 대상이 아버지 비마, 삼촌 아르주나 등 판두족 형제나 아군 중 누가 된다고 해도 이상할 것 없었다. 전쟁에도 불문율이 있는 법, 가토카챠의 의욕은 갸륵하지만 자충수가 될 위험이 있었다. 정의롭게 싸우겠다는 것을 말릴 수도 없고 이를 염려한 크리슈나는 가토카챠 앞에 나타나 말한다.

"자네가 카르나와 맞서줄 수 있겠나?"

위대한 전사 카르나는 수르야(태양의 신)와 쿤티 사이에 난 아들이다. 판두족의 어머니 쿤티가 판두와 결혼하기 전에 태어나 판두족의 이부(異父) 형제지간이기도 하지만, 두르요다나와 절친한 사이로 카우라바 편에 섰다. 그 역시 비장의 화살을 가지고 있었는데 그 화살은 판두족 전력의 핵심인 아르주나를 겨냥해 아껴두었던 것이다. 하지만 가토카챠가 그를 공격하자 스스로의 목숨에 위협을 느낀 카르나는 더 이상 무기를 아낄 수 없고, 순간 아껴둔 화살을 소진해 버린다. 가토카챠는 그 화살에 목숨을 잃고 만다.

한편 이 모든 상황을 꿰뚫어 보았던 크리슈나는 사실상 가토카챠의 희생을 요구하고 죽음을 방치한 셈이다. 상대의 치명적인 무기에 아군의 불안한 무기를 맞불 놓아 둘 모두를 무력화시키며 전쟁의 돌발 변수와 불안 요소를 해결하기 위한 묘수인데, 그 대가로 가토카챠의 목숨을 지불한 것이다. 물론 가토카챠는 소원대로 아버지와 판두족의 승리에 기여하고 역사에 이름을 남긴다. 하지만 그가 히딤비의 아들이라는 걸 상기하면 참 가혹한 운명이다.

"악귀라고 너무 박대하십니다. 너무 심하게 벌하십니다."

아들이 죽은 이유가 크리슈나의 책략 때문이라는 걸 알게 된 히딤비는 피눈물을 흘린다. 그녀는 남편 비마를 위해 평생을 바쳐 희생했다. 하지만 돌아온 건 사랑이 아닌 또 다른 희생, 아들의 죽음이다.

"전 아내이지만 남편이 없습니다. 왕자와 결혼했지만 왕비가 될 수 없으며, 어미지만 자식을 먼저 잃었습니다. 비마의 첫 아내, 쿤티의 첫 며느리지만 이방인 취급을 받아왔고, 아들은 전쟁에 이용당했습니다. 일생을 수행했지만 보람이 없습니다. 크리슈나여, 당신은 많은 걸 요구했지만, 이제 제겐 아무것도 남은 것이 없습니다. 이것이 당신이 말씀하신 정의란 말입니까?"

그러자 크리슈나가 답한다.

"정의가 아니라 운명이다. 희생이 아닌 순교다. 너의 아들은 순교자로 이름을 남겼으니 너무 슬퍼하지 말거라."

"하지만 운명이라고 하기엔 너무 가혹합니다."

"뿌린 대로 거두는 법이다. 악귀로 태어나 그대가 비마를 만난 건 가토카챠를 낳기 위한 것이었다. 가토카챠는 카르나의 화살에 맞아야 했다. 그럼으로써 정의가 승리할 수 있었다."

희생만 강요한 크리슈나 역시 마음이 아프지 않을 리 없다. 모든 공을 히딤비 모자에게 돌리며 위로한다. 모든 것이 거대한 계획, 큰 그림의 일부고, 그 운명에 따라 희생하며 의무를 다한 보상은 돌아온다고 위로한다. 다만 그 보상이 꼭 현생(現生)에 돌아오지는 않을 뿐이다. 모자에게 돌아온 건 훗날의 숭배와 칭송이다.

"오늘 당신은 그 누구보다 위대해졌습니다. 악귀로 태어났지만 여신이 되었고, 그 희생정신은 길이 기억되어 모두가 경배할 것입니다."

히마찰프라데시 주 마날리에는 히딤비 여신을 모신 사원(히딤비 데비 사원)이 있다(물론 아들 가토카챠를 모신 사원도 있다). 세워진 지 500년 가까이 된 사원이다. 사실 〈마하바라타〉에서 그녀의 존재감이 그리 크진 않지만, 이 지역에선 비중 있는 여신으로 받들어 모신다. 이 일대를 다스리던 옛 왕이 스스로 히딤비의 후손임을 자처한 이후 대대로 이어져온 믿음인데, 그녀의 희생은 물론 아들 가토카챠가 전쟁에서 매우 중요한 역할을 해냈기 때문이다. 부모는 그 자식으로 빛나기도 한다. 그녀가 오로지 가토카챠를 낳기 위해 태어났다고 보기도 한다.

이곳 두세라 축제에선 여느 곳과 달리 히딤비 여신을 우대한다. 두세라는 악(惡)에 대한 선(善)의 승리를 기념하는 축제로 지역마다 의식의 형태가 다르다. 북인도에서는 〈라마야나〉의 람이 라반이 물리친 것을 기념하는가 하면, 남인도에서는 두르가 여신이 내면의 악을 물리친 것을 기념한다. 그렇듯 마날리에서는 그곳만의 독특한 두세라 축제를 열어 히딤비를 숭배하는 것이다. 사실 인도의 신화와 전설 속엔 매력적인 인물이 너무도 많다. 그러다보니 그중 누구에게 주목하고, 비중을 두느냐는 보는 관점에 따라 각기 다르다. 인도에서 수많은 축제를 보았어도 그 축제를 다 보았다고 자신할 수 없는 이유이기도 하다.

마날리의 두세라 축제에도 여러 신(神像)이 참여하지만, 특히 히딤비를 우대해 축제의 행렬 맨 앞에서 앞장선다. 축제 하루 전 여신상은 마날리의 거처에서 나와 아들 가토카챠가 있는 사원으로 향하고, 그 다음엔 마날리를 떠나 더 아래의 쿨루 계곡으로 향해 축제에 참석한다. 그녀가 도착해야만 축제를 시작할 수 있다. 다른 신도 참석하고 모든 신이 환영받지만, 그녀와 달리 그들은 오면 오고 가면 가는 것이라고 한다.

아들의 죽음에도 히딤비는 또 다시 크리슈나의 말에 수긍한다. 모든 것이 신의 뜻이고, 비마와의 결혼, 아들의 희생도 원대한 계획의 일부인 것이다. 아들을 잃은 쓰라린 고통 속에 히딤비는 과연 위로받았을까? 신의 계획이라니 억울해도 어쩔 수 없이 받아들여야 했을지도 모를 일이다. 아들은 순교자가 되고, 야차(夜叉), 악귀는 여신이 된다. 다만 불사(不死)의 숭배와 믿음을 얻었으니 그 영광은 영원하다. 영원한 희생의 영광.

희생삼대(犧牲三代)

"그렇다면 제가 어찌하면 좋겠습니까?"

옴짝달싹할 수 없는 상황에 직면하자 바르바릭은 크리슈나에게 묻는다. 그러자 바르바릭의 눈을 응시하며 크리슈나가 답한다.

"네 머리를 내게 바쳐라."

운명은 개척하는 자의 몫이라고 한다. 굳은 의지로 힘차게 이겨나간다. 하지만 동시에 끊임없는 의심도 품게 된다. 잘 해보려 한 일은 내 길이 아니고, 제발 벗어나고 싶은 일은 마치 그게 운명이란 듯 평생의 길동무가 된다. 그렇다면 혹 이 얄궂은 운명이란 자신의 의지와는 무관하게 핏 속에 흐르며 대물림 되는 건 아닐까?

바르바릭의 운명을 보면 그런 생각이 든다. 바르바릭은 다름 아닌 가토카챠의 아들, 히딤비와 비마의 손자다. 알다시피 히딤비 일가는 이미 많은 희생을 치렀다. 어머니 마우르비도 희생할 팔자인 자식을 전쟁터에 내보내기 싫다. 하지만 피 끓는 전사(戰士) 바르바릭은 극구 만류하는 어머니에게 하소연한다.

비마의 가족(오른쪽부터 비마와 히딤비 그리고 가토카챠).

"저는 왜 안 됩니까? 언제까지 단련만 하고 있어야 합니까? 모두가 참전하는 전쟁입니다."

당시 인도 전역의 무사들이 쿠루크셰트라의 전쟁터로 집결하고 있었다. 역사를 판가름할 전쟁에 누구나 신성한 의무를 맡아 의미 있는 역할을 해내고 싶어 했다. 부전자전(父傳子傳) 판두족의 피가 흐르는 그 역시 참전을 원하는 건 당연했다. 특히 어려서부터 무예에 재능을 보인 그는 혹독한 수련의 결과 시바 신으로부터 천상의 무기까지 얻은 터였다. 그는 '세 발의 화살을 지닌 자(Bearer of Three Arrows)'였다. 그럼에도 아무도 그를 부르지 않으니 스스로 낄 자리가 없다는 좌절감에 답답해한다.

바르바릭의 의지는 그 누구도 막을 수 없다. 그런데 그 의지가 결국 정해진 운명을 향한다는 걸 그가 알고 있었을까? 어머니는 아들의 고집을 꺾을 수 없다. 결국 아들의 결정을 지지하며 당부한다.

"네 뜻대로 하되 단 한 가지만 맹세해 주거라. 반드시 약한 편을 도와주 거라."

당시 대세는 카우라바족이었다. 쿠루족을 위시해 수적으로 월등히 우세 한 강력한 군대를 보유하고 있었다. 반면 판두족의 세력은 약했다. 크리슈 나가 판두족을 지지했지만, 그 힘은 미지수였다. 어머니는 당연히 판두족 이 열세일 것을 예상했다. 남편 가토카챠의 일이 있었지만, 그럼에도 아들 이 다시 한 번 약자인 판두족에 서서 돕길 바랬다. 허락을 얻은 아들은 어 머니의 말씀을 마음에 간직한 채 전장으로 향한다.

하지만 이 대목에서 일이 꼬이고 만다. 크리슈나는 신(神)이다. 신이 참 여하는 전투에서 신이 밀릴 일은 없다. 도리어 약한 편은 카우라바족이고, 아들이 엉뚱한 편에 서서 판두족에 맞서 싸울 것을 걱정했어야 했다. 선과 악, 정의와 부정의 대결에서 자칫 악이 승리할 수 있었다. 크리슈나에 대한 믿음이 부족했다고 볼 수 있다. 지난 일들을 떠올려 보면 어느 정도 불신이 쌓인 것일지도 모르겠다. 하지만 그 이전에 아들에 대한 믿음이 부족했다 고도 볼 수 있다.

사실 바르바릭은 요주의 인물이었다. 무능력한 것이 아니라 능력이 출중 하여 위험했다. 바르바릭을 축복한 시바 신은 그에게 세 발의 화살을 주었 다. 그가 가진 화살은 세 발이지만, 단 한 발로도 전쟁을 끝낼 수 있는 대 량살상무기였다. 그런 바르바릭이 지는 쪽을 돕겠다고 맹세하며 나서니, 그 에게 익숙한 아버지의 그림자가 드리운다. 그가 참전하면 곤란하다.

그리고 이때 다시 크리슈나가 등장한다. 상황을 간파하고 있던 그는 화 살이 판두족에게 향하지 않도록 계책을 써야 했다. 브라만(사제)의 모습으 로 분(扮)해 우연히 마주친 듯 전장으로 향하던 바르바릭과 만난다. 그는 바르바릭의 능력을 은근히 떠본다.

"그래 단 세 발의 화살로 어떻게 전쟁을 끝낼 셈이냐?"

"제 화살은 단 한 발로 모든 적을 파괴할 것입니다. 첫 번째 화살은 제가 파괴하고 싶은 모든 것을 표시할 수 있고, 두 번째 화살은 살리고 싶은 모든 것을 표시할 수 있습니다. 마지막 세 번째 화살은 표시하지 않은 모든 것을 파괴한 뒤 화살통으로 되돌아올 것입니다."

간단히 말해 한 발이면 끝이다. 하지만 크리슈나는 그 능력을 의심하듯 머리 위로 자신이 서 있는 나무를 가리키며 도발한다.

"믿을 수 없구나. 그렇게 솜씨가 뛰어나다면 한번 시험해 봐라. 화살을 쏘아 이 나무의 나뭇잎들을 모두 맞춰 하나로 얽어낼 수 있겠느냐?"

그렇게 말하면서 크리슈나는 슬쩍 발아래로 나뭇잎 하나를 숨긴다. 혈기 넘친 바르바릭은 거침없이 활시위를 당기고, 그가 쏜 첫 화살은 예상대로 모든 나뭇잎을 맞춘 뒤 크리슈나의 발로 향해 그대로 관통한다. 당황한 바르바릭은 그대로 엎드려 용서를 구한다.

"감히 브라만의 발을 맞추다니… 죽을 죄를 지었습니다."

그러자 크리슈나는 말한다.

"너는 결코 이 전쟁에 관여하면 안 된다."

어리둥절한 바르바릭에게 크리슈나는 곧이어 묻는다.

"너는 판두족과 카우라바족 중에 누가 더 약하다고 생각하느냐?"

"약한 것은 판두족입니다. 카우라바족의 병력이 더 많고 술수에도 능합니다."

"틀렸다. 크리슈나가 판두족과 함께 하니 약한 쪽은 카우라바족이다. 너는 약자의 편에 서겠다고 어머니에게 맹세했으니 카우라바족 편에 서야 할 것이다. 그리고 네가 전쟁에 참여하면 판두족이 위험에 빠질 것이다."

"그럴 순 없습니다. 그렇다면 제가 어찌하면 좋겠습니까?"

그는 지키지 못할 맹세를 했지만, 비단 바르바릭이 어머니에게 한 맹세 때문만은 아니었다. 그는 판두족과 크리슈나에 대한 믿음이 부족하다는 것을 드러냈다. 믿음이 부족한 자가 가진 예측 불가능한 무기를 전쟁터에 들이긴 위험했다. 시험해 보았듯 바로 눈앞의 발등을 찍고 말았다. 설령 아군인들 그가 쏜 화살을 스스로 제어할 수나 있을까? 어떤 식으로든 전쟁에 기여할 여지를 아예 없애는 것이 옳았다.

"네 머리를 바쳐라."

바르바릭은 기꺼이 목을 내놓는다. 전장에 나서기도 전에, 한번 꿈을 펼쳐보지도 못한 채 죽음을 맞이하게 된 것이다. 히딤비, 가토카챠, 바르바릭의 삼대에 걸친 비극, 희생 삼대다. 아무리 악귀의 자손이라지만 족보가 곧 희생과 순교로 점철되니 기구하다. 소원 한 가지 정도는 요구할 권리가 있다. 바르바릭은 말한다.

"전쟁의 끝을 보고 싶습니다."

이에 대해서는 여러 가지 이야기가 전해진다. 일설에 의하면 크리슈나는 그의 머리를 산봉우리로 가져가 모든 전투를 지켜볼 수 있게 했다고 한다. 또 다른 이야기에 따르면 목이 잘려나간 그 나무 꼭대기에 머리를 걸어두었다고도 한다. 아무튼 그는 전쟁과 승리를 끝까지 지켜보았다. 또한 전쟁이 끝나자 의무와 헌신을 다한 자로서 그 공을 인정받았는데, 크리슈나는 그가 원하는 방향으로 머리를 던졌고, 그 머리는 지금의 라자스탄 주 카투에 있는 연못에 떨어졌다.

라자스탄에서 바르바릭은 카투시얌이란 이름으로 숭배한다. 크리슈나가 준 이름인데 그곳에 바르바릭을 모시는 약 500년 된 사원이 있다. 전설에 의하면 반만 년 전 쿠루크셰트라 전쟁이 일어나고 13세기까지 아무도 몰랐다가, 이곳 마을 사람이 길 잃은 젖소를 따라 한 연못에 이르니 젖을 짜지 않는대도 젖에서 우유가 나오고, 이내 연못에서 머리가 떠올라 자신이 바르바릭이라며 머리를 꺼내 사원을 만들게 했다고 한다.

참형 당한 이후 '머리'로만 이어나간 이 이야기는 그들과 같은 믿음이 없는 한 상징과 은유로 풀이해야 할 것이다. 그밖에도 바르바릭의 신화는 여러 가지 다른 해석이 존재한다. 각 화살의 기능과 성능에 대한 설명부터 그것이 크리슈나의 발을 맞추었는지 아닌지에 대해 그 세부적인 줄거리를 통일하기란 어렵다. 그도 그럴 것이 〈마하바라타〉 속에 언급되긴 해도 바르바릭이 모든 인도의 푸라나[2]에 공히 등장하는 인물은 아니다. 역사 이전의 역사로 그 화려한 무용담은 긴 세월을 감안해 새겨 들을 뿐이다.

바르바릭은 약자의 편에 선 인물로 일부 지역에서 신(시얌 신)으로 숭배된다. 그 신은 패배한 자들을 도와준다고 한다. 또 다시 희생으로 얻은 영광이다.

한편 그 조정자인 크리슈나도 이번만큼은 온전하지 못했다. 바르바릭의 화살로 생긴 상처는 크리슈나에게 생긴 최초의 아킬레스건이다. 그것이 그의 결정적 약점이 되니 희생에는 신도 열외가 없다.

---

2. 이야기 형식의 종교 및 역사 설화집, '푸라나'는 말 그대로 고대의, 옛날의 오래된 것을 의미한다. 인도의 푸라나라고 하면 흔히 힌두교 설화집을 뜻한다.

와일드 와일드 웨스트

　기승전(起承轉) 운명이랄까? 인도의 이야기에 몰입하다 보면 헛헛한 마음에 잠시 길을 잃는다. 의지의 관철과 운명의 순응 사이에서 줄다리기하는 양가적(兩價的) 마음조차 무색케 하는 운명론 같기 때문이다. 차라리 케세라세라(될 대로 되라)란 기분도 든다. 〈마하바라타〉는 의지로 운명을 바꾸는 것이 아니라, 굳은 의지로 운명에 따르라고 한다.

　판두족과 크리슈나의 편에서 〈마하바라타〉를 이해하는 건 쉽다. 그러나 다른 입장에서 생각해보면 어떨까? 악귀는 개과천선을 위해 그 자손 대대로 희생되고, 가족과 스승 그리고 친구라도 서로 편이 갈려 칼을 겨누고 전장의 이슬로 사라진다. 따지고 보면 결사적으로 가진 걸 지키려던 카우라바족 또한 실상 인간의 또 다른 면모에 지나지 않는다. 모두가 의지를 가지고 행동하지만 결국 거대한 계획의 부속이다. 아무리 신화와 전설이고, 역사적 교훈을 담은 권선징악의 이야기며, 한 문명의 사상, 철학, 문화, 종교적 가치관의 근본을 이룬 경전이라지만 납득하기 어려운 면도 있다. 21세기는 운명 따윈 버리고 원하는 바를 추구하는 시대 아닌가? 그것마저 계획의 일부라면 얼마나 힘 빠지는 얘길까? 다만, 이것은 역사의 승자가 기록한 이야기다. 운명을 엮어 실패도 성공의 일부로 담는 것이다. 복잡한 구성의 사회를 하나로 묶는 논리이기도 하다. 승리하면 그것이 운명이다. 실패해도 운명이라며 위로받을 수 있다. 이로써 헛헛한 마음을 채우고 다시 길을 갈 수 있을까?

이야기는 계속된다.

신(神)도 주어진 의무에서 자유로울 수 없다. 암중모색하던 판두족과 마찬가지로 크리슈나의 힘도 미약했을 때다. 그가 고쿨에 첫사랑 라다를 두고 마투라로 돌아온 건 이미 이야기했다. 마투라로 간 그는 캄사를 죽이는데, 캄사는 마가다의 왕 자라산다의 사위였다. 딸이 과부가 되자 자라산다는 복수를 다짐한다.

막강한 군대를 보유한 자라산다는 열일곱 차례에 걸쳐 크리슈나를 공략한다. 파상공세 속에 마투라는 절체절명의 위기에 빠진다. 그럼에도 자라산다는 마투라를 점령하진 못한다. 하지만 일진일퇴의 공방전이 거듭되며 점차 불리해지는 건 크리슈나다. 자라산다는 크리슈나를 모욕한다.

"참으로 비굴하구나! 크리슈나여 네 목숨이 그리 아깝더냐? 난 마투라에 조금의 악의도 없다. 오직 비겁하게 숨은 그대 한 사람 때문에 무고한 백성들이 고통받는 것이다."

많은 사람들이 희생되고 있었다. 점차 크리슈나를 원망하는 목소리가 들리기 시작했다. 그 상황을 크리슈나가 모를 리 없다. 크리슈나도 마음이 아팠다. 무언가 수를 내야만 한다.

자라산다가 열여덟 번째로 공격해오자, 크리슈나는 추종자들을 이끌고 길을 나선다. 크리슈나는 왕국 자체를 옮기기로 한다. 마투라를 출발해 자이푸르, 푸쉬카르, 앰바지 등을 거쳐 인도의 서쪽 끝으로 향한다. 중국의

황금의 도시 드와르카의 드와르카디사(자가트) 사원.

대장정(大長征)을 연상케 하는 장면이다. 긴 여정 중에도 자라산다는 끈질기게 크리슈나를 추적하며 생명을 위협한다. 심지어 크리슈나가 산에 숨자 산 전체를 불지르기까지 하는데, 숱한 위기를 극복한 끝에야 마침내 다다른 곳이 드와르카다. 구자라트 주의 끝자락에 위치한 해안도시다.

그런데 자라산다란 자는 말과 행동이 간악(奸惡)해 천성이 잔인한 자였다. 크리슈나가 떠난 이후에도 마투라를 가만 두지 않았다. 화풀이하듯 계속된 공격으로 도시는 쑥대밭이 되고 수많은 인명이 희생되었다. 그러자 크리슈나는 백성들을 드와르카로 옮겼다. 먼저 새로운 터전을 찾고 수도를 이전시킨 것이다. 전설로는 도시와 사람 모두를 순간 이동시켰다고 하는데, 아라비아 해를 면하고 곰티 강 하구에 위치한 드와르카는 도시를 재건하기에 적합한 풍요로운 여건을 갖추고 있었다. 바로 크리슈나의 주요 무대인

드바라카 왕국의 중심지가 된 장소다.

사람들은 이곳을 신이 내린 땅이라고 믿는다. 크리슈나가 소망하자 신(神)이 그에게 땅을 내주었다는 전설이다. 대신 때가 되면 물에 잠겨 땅을 돌려받을 것이라고 했으니 크리슈나는 자신의 생애 동안은 홍수가 오지 않도록 해달라고 청했다는 것이다. 그러므로 크리슈나가 머물 때가 첫 번째 드와르카인데, 지금은 이미 바다 속에 잠기고, 현재의 드와르카는 일곱 번째라고 한다. 그야말로 도시의 아바타르(화신)다. 바다와 면해 온 오랜 역사가 그런 믿음을 만들었을 것이다. 지금의 드와르카도 언젠가는 잠길 것이라고 인도 사람들은 말한다.

현재는 소도시지만 드와르카의 또 다른 별칭은 황금의 도시다. 드와르카는 원래 작은 마을이었는데, (뭄바이의 유래처럼) 점점이 있던 여러 개의 섬을 이어 육지로 간척한 곳이다. 항구 도시로 무역의 중심지이니 도시는 빠르게 성장하며 부유해졌다. 이렇게 건설된 드와르카에 신전과 요새를 짓고 보석으로 치장하며 화려한 황금 도시가 완성된 것이다. 그런 의미에서 내륙의 마투라에서 드와르카로 왕국을 옮긴 것은 황금 도시로의 이전, 고대판 골드러시를 떠올리게 만든다.

드와르카는 힌두교 4대 순례지(짜르 담)[3]와 7대 성지(사프타 푸리)[4]에 공통적으로 꼽히는 유일무이한 도시다. 특히 도시의 심장부에 위치한 드와르카디사(자가트) 사원은 힌두교의 매우 중요한 순례지다. 5000년 역사를 품은 사원인데 현재의 사원은 16세기에 세워진 것이다. 가장 오래된 고대 도시로 많은 이야기를 품은 도시다. 고대의 드와르카는 이미 물에 잠겼

---

3. 4대 순례지에는 드와르카, 바드리나트, 푸리, 라메스와람이 속한다.
4. 7대 성지에는 드와르카, 아요디아, 마투라, 하리드와르, 바라나시, 칸치푸람, 우자인이 꼽힌다.

다고 하는 데에서 보듯 실존과 전설을 오가는 도시이기도 하다. 마치 아틀란티스의 축소판 같다. 전설과 고고학적 발굴 사이에도 이견이 있는데, 사람들은 5000년 전 〈마하바라타〉 시대의 유물이 발견될 곳이라고 믿지만, 고고학자들은 이곳을 약 3000년 된 도시로 추정하고 있다. 현지에서는 현재의 드와르카를 곰티 드와르카와 벳 드와르카로 구별하고, 벳 드와르카를 크리슈나가 실제로 머물렀던 곳이라고 한다.

신화와 전설을 사실 관계로 따지려는 건 무리지만, 은근한 의문을 던져 본다. 크리슈나는 신(神)이다. 그런데 그는 왜 일찌감치 자라산다를 처단하지 못했고, 왜 빨리 드와르카로 옮기지 않았으며, 왜 굳이 고난을 겪고 핍박과 설움을 견뎌냈냐는 것이다. 모든 것을 알고 조정하던 그의 그런 지연 행위는 필연적으로 많은 희생을 감수하게 된다. 하지만 이 대목에서도 크리슈나는 우문현답(愚問賢答)을 내놓는다.

그건 전략이었다. 열세에 놓여 있던 크리슈나는 그런 방식으로 강성했던 자라산다의 군(軍)을 서서히 소모시켰다. 자신에 대적하는 세력을 약화시키며 때를 기다린 것이다. 이참에 악을 송두리째 뿌리 뽑을 것이고, 그러기 위해 신도 뼈아픈 희생을 감수하며 암중모색(暗中摸索)한다.

약속의 죽음

희생의 이야기는 비교적 가까운 역사 속에서도 이어진다.

"염치 없는 놈, 낯짝이 두껍구나. 여기가 어디라고 왔느냐?"

장모는 정혼(定婚)한 아내를 찾으러온 사위를 문전박대한다. 사위 사랑은 장모라더니 그건 더욱 옛말인 모양이었다. 집안엔 들이지도 않고 딸의 부탁에 마지못해 검게 탄 음식을 내주면서 그마저도 원수의 자식이 꾸역꾸역 잘도 먹는다며 구박이다. 그럼에도 사위는 별 말 없이 자리를 지킨다. 사위의 이름은 테자지다.

처가도 그럴 만한 이유는 있었다. 테자지(비르 테자)는 11~12세기 무렵 라자스탄의 부족장 아들로 태어난 인물이다. 부모는 생후 일 년이 채 지나지 않은 그를 데리고 푸쉬카르를 방문했는데, 마침 친분이 있던 다른 부족장도 생후 3개월 난 딸을 데리고 그곳을 찾았다. 두 집안은 의기투합하여 일찌감치 사돈을 맺는다. 당시에 그것은 일종의 부족 간 거래 관계이기도 했다. 그런데 문제가 발생했다. 혼례를 치르다가 싸움이 번져 테자지의 아버지가 그만 안사돈 쪽 식구를 살인하는 불미스러운 일이 생기고 만 것이다.

사돈지간은 졸지에 원수지간이 되고 만다.

테자지는 어느덧 장성하고, 어린 시절에 대한 기억이 있을 리 만무했던 그는 뒤늦게야 자신이 이미 결혼했다는 사실을 알게 된다. 결혼한 이상 서약은 아직 유효했다. 당시엔 신의(信義)가 중요했고, 약속이란 쏘아 올리면 돌아오지 않는 공과 같았다. 아무쪼록 기억에 없는 아내와 헤어져 돌싱이 되는 건 더 이상한 일이다. 그는 서둘러 아내를 데려오기로 한다. 하지만 그렇게 떠날 채비를 마치고 말에 올라타는데, 어찌된 영문인지 말이 요지부동 움직이지 않으려 드는 것이다. 어릴 때부터 탄 애마인데, 그 여정(旅程)은 시작부터 불길한 기운이 감돌았다.

한편 처가는 이미 이 결혼은 무효라고 생각했고 다른 혼처를 구하려던 참이었다. 그의 방문이 반가울 리 없었다. 예상치 못한 권리 행사인 셈인데, 새로운 결혼은 부족 경제적 관점에서 또 하나의 거래를 뜻한다. 게다가 가족(장모의 동생)을 죽인 사람의 아들이니 냉대해 쫓아내 버리고 싶은 게 당연했다. 그럼에도 테자지는 굳이 결혼 서약을 지키려고 하니 맹세에 살고 맹세에 죽던 시절이다.

처가 앞에서 버티다가 갖은 모욕을 겪은 끝에야 그는 잠시 처소를 옮긴다. 마침 아내의 벗 라차가 자신의 집에 머물 수 있도록 허락한 것이다. 하지만 그처럼 떠나지 않고 버티는 테자지를 장모가 곱게 놔둘 리 없다. 분노한 장모는 복수를 계획한다. 일단 일대의 도적단을 매수해 라차의 소를 훔치게 하고, 마을 사람들이 아무도 도와주지 못하게 만들었다. 결국 신세를 지고 있던 테자지가 책임을 질 수밖에 없는 상황을 만들고, 그가 소를 찾으러 가면 도적단이 그의 목을 치게 만들 작정이었다. 복수와 파혼을 위한 일석이조의 청부 살인 계획이었던 셈이다.

예상대로 시름에 빠진 라차를 외면할 수 없던 테자지는 홀로 소를 찾아

나선다. 그런데 그는 가는 길에 우연히 불에 타는 검정 뱀을 만나게 된다. 그의 심성이 그러하듯 그 뱀을 구해주는데, 문제는 뱀이 도리어 크게 화를 내는 것이다.

"천 년의 수명을 다하고 마침내 구원을 받으려는데 네가 감히 방해하느냐!"

뱀은 해탈(解脫)을 방해한 테자지를 물어 당장 죗값을 치르게 만들려 한다. 죄를 범했으니 그 대가를 지불하는 것은 괜찮다. 다만 테자지는 아직 중요한 일을 마무리하지 못했다. 그는 말미를 달라며 거듭 자비를 구한다.

"제가 소를 찾은 후에 돌아올 터이니 그때 절 물어 죽이십시오."

물론 돌아올 것이라고 믿진 않지만, 자초지종을 듣고 신의를 지키려는 마음에 감복한 뱀은 그를 보내준다.

"갈 길을 가시게!"

가야 할 길을 계속 간 테자지는 잃어버린 소를 되찾는다. 하지만 예상대로 함정에 빠져 홀로 500명의 도적단과 대적하게 되는데, 그는 신의를 지키기 위한 집념으로 용맹하게 싸워 도적단을 모두 물리치고 소를 이끈 채 마을로 돌아온다. 그런데 도착하고 보니 한 마리가 보이지 않는 것이다. 그러자 다시 말을 끌고 나선 그는 그 소를 데려오는데, 이번에도 홀로 도적단과 싸우게 된다. 처음보다 더 많은 도적단에 그는 심각한 부상을 입고 만다. "테자지!" 만신창이가 되어 돌아온 남편을 본 아내는 울부짖는다. 아내는 온몸이 상처로 피투성이가 된 그에게 치료가 필요하다고 말하지만 그는 거부하고 다시 길을 나선다. "나는 뱀과 약속했소. 약속대로 물려 죽기 위해 그만 가봐야 하오."

상처 입은 몸으로 뱀에게 돌아간 테자지는 말한다.

"이제 절 죽이십시오."

약속을 위해 죽음을 택하는 테자지.

뱀은 이미 용서했다며 그만 가보라고 한다. 하지만 그는 약속을 지키겠다고 고집하는데, 이젠 도리어 뱀이 살려주겠다고 그를 설득하는 상황이 되고 만다.

"괜찮다. 이미 용서했다. 그만 가보아라."

"아닙니다. 절 물어서 죽이십시오."

"넌 죽음이 두렵지 않느냐?"

"전 약속을 지키는 사람입니다. 목숨을 내놓을지언정 약속을 어길 순 없습니다."

온 몸에 상처투성이니 물 곳이 없다는 평계를 대자 테자지는 유일하게 성한 손바닥을 내민다. 창을 잡은 손바닥만이 상처가 없었던 것이다. 마찬가지의 이유로 발바닥을 보여주고, 두 곳이 싫다면 혀도 성하다며 자신의 혀를 내미는 것이다. 뱀도 이제는 더 이상 어쩔 수 없다고 생각해 테자지의 혀를 문다.

테자지는 약속을 지키는 사람을 상징한다. 자신도 모르는 결혼 서약, 친절을 베푼 사람과의 약속, 죽음의 약속까지 지켰다. 그는 민간에 회자되며 전설적인 영웅으로 우상화되었고, 그가 죽은 곳엔 사원이 세워졌다. 라자스탄 주 나가우르에 있는 테자 사원이다. 이 사원에 가면 뱀에 물린 상처가 낫는다고 한다. 좀더 넓게 라자스탄에서 그는 소의 수호신, 뱀독을 치유하는 신으로 숭배된다.

CHAPTER
6

전장(戰場)
바가바드 기타(神의 노래) 外

○ '치토르가르'를 둘러싼 라자와 술탄의 삼각관계

라탄 싱
14세기 메와르 왕조의 군왕(라자)으로 힌두계 라지푸트의 후손이다.

알라우딘 킬지
14세기 말와의 술탄으로 전략 요충지인 치토르가르와 메와르의 왕비인 파드마바티를 노리고 침략한다.

파드마바티
파드미니라고도 불린다. 당대의 미녀로 남편인 라탄 싱이 죽고 요새가 함락되자 라지푸트의 여인들과 더불어 불길에 뛰어든다.

○ 라지푸트의 승리와 힌두의 자부심

쿰바
15세기 메와르 왕조의 군왕(君王)으로 힌두계 라지푸트의 후손이다. 구자라트와 말와의 술탄국들에 맞서 치토르가르를 지켜내며 비자이 탑을 세운다.

라지푸트
라지푸트는 무사 계급(태생이 무사 계급은 아니고 성장의 과정에 武人 계급으로 자리잡음)을 세력의 기반으로 하며, 대개 힌두교를 믿으며 힌두 왕국을 세웠다. 이슬람 세력, 무굴 제국, 식민지 시대에 저항한 까닭에 힌두교의 자긍심으로 통한다. 다만 라지푸트가 하나의 통일된 세력은 아니었고, 각각의 생존, 정치적 이유, 경제적 이권에 따라 행동(저항과 협력)했다. 때문에 일부는 무굴 제국, 식민지 정부에 협력했다는 등 평가가 엇갈리는 측면이 있기도 한데, 때문에 라지푸트를 살펴보면 인도가 보인다고 할 만큼 그들의 파란만장한 역사를 들여다보는 건 흥미로운 일이다. 현재까지 남아있는 역사적 흔적도 많아 주로 라자스탄, 구자라트 등 인도의 북서부에 위치해 있다.

피의 교훈

"이 전쟁을 멈출 순 없겠습니까?"

아르주나는 손에 쥔 활을 떨어뜨리며 크리슈나에게 묻는다.

"저들은 모두 저의 친척이자 스승이며 친구들입니다. 어찌 피를 흘리며 싸울 수 있겠습니까?"

〈마하바라타〉의 클라이맥스 〈바가바드 기타〉의 한 장면이다. 전례 없는 대 전쟁이 눈앞에 펼쳐지려 한다. 어쩌면 이 전쟁은 이후 인류의 역사에서 끊임없는 반복될 모든 전쟁의 서막(序幕)이었을지도 모른다. 쿠루족의 한 핏줄 두 가문인 판두족과 카우라바의 운명도 이로써 결정될 것이다. 길고 길었던 왕좌(王座)의 게임이었다. 전운이 감돌고 오래도록 쌓인 해묵은 감정들이 전쟁터의 모래바람이 되어 날린다. 비단 세속의 욕망이 아닌 정의와 불의, 선과 악, 관념의 전쟁이다.

하지만 카우라바 편에 선 사람들도 모두가 악한(惡漢)은 아니다. 단지 책임과 의무를 다할 뿐 그 가운데에는 한때의 스승과 동무들도 섞여 있다. 싸움이 임박했지만, 용맹한 아르주나도 차마 활을 들지 못한 채 주저한다.

망설이는 아르주나에게 깨달음을 주는 크리슈나.

사시나무 떨듯 몸이 떨리고 온몸엔 땀이 흐른다. 목구멍이 말라 침을 삼키기 어렵다. 크리슈나의 전차에 탄 그는 전선(前線)의 대열을 이탈하고 만다.

"저편으로 전차를 몰아주십시오. 누가 있는지 직접 눈으로 확인해 봐야겠습니다."

그들이 멈춰 선 곳은 양측 군대가 서로 노려보고 있는 전장(戰場)의 한가운데다. 그곳엔 바냔나무가 한 그루가 서 있다.

나무 아래 멈춰 눈으로 적진을 확인하자 딜레마에 빠진 아르주나는 더욱 깊은 신음을 뱉어낸다.

"혈육과 스승, 친구들을 살육하고 제가 어찌 살아갈 수 있단 말입니까?"

그러자 크리슈나는 답한다.

"두려워하지 마라. 왜 두려워하는가? 네가 죽이지 않아도 그들은 죽음을 피할 수 없으니, 너 때문에 죽는 게 아니라 죽어야 하기에 죽는 것이다. 너는 너의 의무를 다하면 된다."

"하지만 이런 대가를 치르며 승리하는 것이 무슨 의미가 있겠습니까? 누가 득을 보겠습니까?"

"결과를 먼저 생각하지 말라. 돌아올 보상을 생각하지 말고 정의를 행하라. 이 전쟁은 영토와 권력이 아닌 정의를 바로 세우려는 싸움이다. 넌 죽을 사람을 살릴 수 없고, 살 사람을 죽일 수도 없다. 네가 그것을 바꿀 수 있다고 본다면 그것이야말로 오만이다. 그러니 아르주나여, 자만하지 마라. 시대의 명(命)을 받아 용감히 싸워라. 누구나 생에 주어진 의무로 무언가를 행해야 하고, 네 의무는 이 전쟁을 치르는 것이다."

크리슈나는 비슈누의 화신이다. 물론 신의 능력이라면 전쟁도 막을 수 있다. 하지만 그는 대학살로 이어질 전쟁을 멈추지 않았다. 신도 허락한 전쟁이다. 일찍이 화해나 타협을 시도하지 않은 바가 아니었다. 이에 관해 유명한 일화가 있다. 일찍이 판두족의 사신(使臣)으로 중재에 나선 크리슈나는 카우라바에게 전쟁을 피하기 위해 제안했다. 마을 다섯 개를 요구하면서 네 개의 마을은 지정하고 나머지 하나는 아무 곳이나 주어도 무관(無關)하다고 했다. 두 세력의 공존을 도모한 것이다. 하지만 카우라바의 수장(首長) 두르요다나는 냉정하게 거절했다.

"바늘 하나 꽂을 땅도 내줄 수 없다."

외교로는 해결될 수 없었다. 잃은 것을 되찾고 정의를 바로 세워야 하니 이제 전쟁밖에 다른 방도가 없다.

"크리슈나여, 저에게 진실을 알려 주십시오. 깨달음을 주십시오."

크리슈나의 신성(神性)을 깨달은 아르주나는 그의 존재에 관해 묻는다.

"나는 시작이자 끝이다. 나는 비슈누다. 시간이며 의식이다. 나는 아르주나, 바로 너 자신이다. 나는 크리슈나다. 나는 저들을 멸하려고 왔으니 네가 멈춰달라고 한들 멈추지 않는다. 일어서라 아르주나, 싸워라. 의무를 저버리지 말라!"

바로 그 문답을 나눈 곳이 쿠루크셰트라에서 가장 신성하게 여겨지는 죠티사르다. 죠티사르에서 죠티는 빛, 깨달음을 뜻하고, 사르는 핵심 의미, 지식의 바다를 뜻한다. 이곳은 크리슈나가 비로소 자신의 진면모를 드러낸 장소다. 전장 한가운데에서 그는 아르주나에게 '기타(Gita)'를 전수한다. '기타'는 곧 〈바가바드 기타〉, 신의 노래다. 인도 사람들은 '기타' 앞에 맹세한다. 크리슈나가 던진 메시지, 그 가르침은 현재까지 유효하고 명확하다.

설령 당신의 가족이 부정을 저질러도 그에 맞설 수 있겠는가?

바로 그것이 '기타'가 주는 위대한 가르침이다. 아르주나는 다시 활을 든다. 마침내 북이 울리고 전쟁이 시작된다. 인도의 미래를 여는 결전이다.

전장에서

〈마하바라타〉의 전쟁터, 〈바가바드 기타〉의 무대가 된 쿠루크셰트라는 판두족과 카우라바의 선조인 쿠루 왕의 이름을 딴 지명이다. 그가 황금 쟁기로 이 땅을 일궜다고 하고, 다마셰트라로도 불린다. 원래는 하나의 도시가 아닌데, '크셰트라'의 뜻이 지역(region)을 의미하며 하르야나 주의 대부분과 편잡 주의 남부 일대에 걸친 광범위한 지역(반경 77킬로미터)을 일컫는다고 한다. 이 땅이 전쟁터였다는 고고학적 증거는 아직 발견된 바 없다. 다만 문헌상에 언급되고, 많은 사람들이 사실로 믿는 역사적 사건이다. 오랜 옛날의 일이고, 지형과 날씨의 특성상 덥고 비가 잦아 유물의 보존이 어려웠을 것으로 추측하고 있다.

이곳을 전쟁터로 선택한 이유는 신성한 땅이었기 때문이다. 그 안에서 죽은 자는 구원을 받는다고 여겼는데, 동족상잔의 비극이니 선악을 떠나 전쟁터의 모두에게 구원이 필요했다. 게다가 전쟁은 일진일퇴를 거듭하며 18일간 이어졌고, 처절한 싸움 끝에 모두가 죽어나가는 판에 어느 누구도 화장(火葬)해줄 여유가 없었다. 인도 사람들은 죽으면 화장을 해야 하는데 곤란한 일이었다. 크리슈나는 이 점을 잘 알고 전장을 선택한 것이다. 신성한 땅인 이곳에선 부득이할 경우 전사자의 화장을 생략할 수 있었다. 아직도 그것이 풍습으로 남아 이 지역에서는 장례식 이후 죽은 자들의 재를 갠지스 강에 뿌리지 않는다고 한다(다른 지역에서는 마지막 의식을 치른 후 갠지스 강에 재를 뿌린다). 이곳에서 죽은 사람은 곧장 천상(天上)으로 간다고 믿은 것이다.

유물의 발굴은 없어도 쿠루크셰트라 지역엔 〈마하바라타〉의 흔적이 많이 남아있다. 특히 하르야나 주에서는 〈마하바라타〉의 인물들이 지금도 살아 숨쉬듯 그 일화가 전해진다. 장대한 시공간적(時空間的) 배경을 무대로 하는 〈마하바라타〉에서 전쟁은 단 18일간이지만, 서사시는 전장의 묘사에 상당한 분량을 할애한 까닭에 그 이야기들은 마치 지금 교전 중인 듯 생생하게 전해진다. 가령, 병법(兵法), 진법(陣法), 계략, 양 진영의 주요 인물 간의 진검승부와 그들의 특출한 무기 묘사 등 장면 장면을 담았는데, 그 내용이 너무 유명하니 동네 아이들까지 바닥에 진법(陣法)을 그릴 정도다.

심지어 어떤 진법은 하르야나 주 전통 직물의 문양(文樣)으로 쓰이기까지 한다. 차크라브유하라는 진법인데, 이는 한때 아르주나를 총애한 스승이었지만 신하의 의무에 따라 카우라바의 편에 선 드로나[1]가 쓴 진법이다. 전투 13일째, 판두족의 수장 유디스티라를 잡기 위해 이 진법을 전개한다. 원래 크리슈나와 아르주나는 풀 수 있는 진법이지만, 양동(陽動) 작전으로 둘의 시선을 전선의 다른 곳으로 돌린 사이 유디스티라를 공략한 것이다. 이를 막기 위해 아르주나의 어린 아들 아비만유가 나서지만 덫에 걸려 빠

---

1. 왕실 전속 교사로 판두족과 카우라바족을 가르친 스승이었고, 특히 아르주나를 총애했다. 군사 기술에 능통하고 천상의 무기를 다루었다.

적장(敵將)에게 차크라를 던지는 크리슈나.

져나올 수 없다. 홀로 분투하지만 점점 진(陣) 안 깊숙이 끌려 들어가고, 결국 열여섯 아비만유는 목숨을 잃는다.

아르주나는 아들의 죽음에 격노한다. 하지만 도저히 스승 드로나를 무너뜨릴 수 없다. 드로나는 판두족 군사를 괴멸하며 파상공세를 펼치고, 아르주나에게도 퇴각을 권유한다. 무기를 놓지 않는 한 드로나는 무적(無敵)이다. 하지만 15일째, 크리슈나가 드디어 계책을 마련한다. 드로나의 아들 아슈바타마와 같은 이름의 코끼리를 죽이고, 아슈바타마가 죽었다는 소문을 낸 것이다. 귀를 의심한 드로나는 전장에서 마주친 유디스티라에게 진실을 묻는데, 정직한 유디스티라는 말한다.

"아슈바타마가 죽었지만, 아드님은 아닙니다."

하지만 전쟁터의 소음 속에 드로나는 아슈바타마가 죽었다는 것만 듣고, 이어지는 말을 듣지 못한다. 혹은 이미 앞선 말에 크게 상심한 나머지 드로

나가 뒷말을 흘려들었거나, 거짓말을 못하는 유디스티라가 일부러 뒷부분을 작게 말했다고 한다. 어쨌든 그 순간 드로나는 무기를 내려놓은 채 주저앉아 명상에 잠기고, 이내 번쩍하는 섬광이 그의 목을 스친다. 적이지만 과연 스승다운 최후다. '스타워즈'의 오비완 케노비가 다스 베이더의 검(劍)을 맞이할 때와 같은 장면이랄까… 이로써 전세(戰勢)는 기운다.

하르야나 주의 어떤 마을은 드로나의 진법을 본떠 만들어졌다. 마을의 이름은 아비만유에서 따와 아민이라고 한다. 이 마을이 수천 년 전의 모습을 유지하고 있는 건 아니지만 이곳에 오면 반드시 미로와 같은 길을 지나게 되어 있다. 마을이 곧 신화 속 쿠루크셰트라 전쟁의 체험 무대이니 나름의 방식으로 〈마하바라타〉를 품고 있다.

18일 간의 전쟁은 끝을 맺는다. 18일이 18년으로 느껴진 전쟁 끝에 왕국을 되찾은 판두족은 이제 태평성대를 연다. 그가 후계자로 추대한 인물은 전쟁의 이슬로 희생한 아비만유의 유복자, 바로 아르주나의 손자다. 유디스티라는 36년 간 왕국을 통치한 뒤 형제들과 함께 속세를 떠나 히말라야로 향한다. 거기까지가 판두족 형제들의 의무다.

카우라바가 멸족되자 아들들을 모두 잃은 간다리가 크리슈나에게 저주를 내린다. "저와 똑같은 고통을 느끼게 될 것입니다!" 크리슈나는 그 저주를 기꺼이 받아들인다.

그리고 36년 후 그는 그 저주를 맞이한다. 자신의 왕국에 내분이 생기고 그 비극을 차마 목도하기 힘든 그는 고통과 절망 속에 속세를 떠나 숲으로 들어간다. 혹시 〈마하바라타〉에서 애초 판두가 유배를 떠난 이유를 제공했던 사슴을 기억하는가(《라마야나》에서 시타를 납치한 미끼도 사슴이다)? 사슴은 사슴으로… 사슴으로 오인 받은 크리슈나는 사냥꾼의 화살을 맞고 인간계를 떠난다.

승리의 아이러니

  판두족과 크리슈나가 이기려면 스승이 져야 했다. 드로나는 후대에 회자될 만한 이야기를 남기고 패했다. 크리슈나는 승리했다. 하지만 그 마지막엔 저주 속에 신음했다. 전쟁엔 승자만큼 패자가 있고 지금의 승리가 영원한 것도 아니다. 시대를 막론하고 승리의 후일담과 패자의 사연은 빼곡하다. 인도는 사원(寺院)이 참 많은 곳이지만, 막상 돌아보면 성(城)과 요새도 못지않게 많다. 곳곳이 높은 성벽으로 둘러싸여 있고 승전(勝戰)의 기념탑과 폐허가 즐비하다. 인도 전역이 옛 전쟁터, 대륙의 치열한 쟁탈이 거듭되었던 곳이다. 그리고 그곳엔 승리와 패배의 이야기가 교차한다. 그 또한 인도의 신화와 전설, 역사 속에 넘쳐나는 이야깃거리다.

  역사상 대륙 전역에 세력을 떨치며 굵직한 족적을 남긴 제국이 있는가 하면, 그 틈새에서 각 지역의 패권을 쥔 중소왕국들이 공존해온 곳이 인도다. 특히 중세 인도는 힌두 라지푸트와 무슬림 술탄국이 군웅할거(群雄割據) 혼재하며 세력 다툼을 벌였다. 그중에서도 무역의 관문 격인 라자스탄 주 치토르가르는 격전지였다. 그러한 배경을 등에 업고 치토르가르는 역사가 지속되는 한 영원히 애증이 오갈 찬란한 이야기를 후대에 남긴 것이다.

15세기 치토르가르의 주인은 라지푸트인 메와르 왕조의 마하라나 쿰바(1433~1468년)였다. 간단히 말해 라지푸트는 힌두교를 믿으며 무사 계급을 세력 기반으로 한 힌두 왕국이다. 치토르가르는 중세(7~16세기)의 전략 요충지였다. 150미터 고지에 있는 인도 최장(最長)의 요새가 위치한 곳이기도 하다. 이곳을 점거하던 쿰바가 나고어를 정복(1435년)하고 구자라트 왕조의 쿠투브우딘 왕에게 맞서자, 호시탐탐 이곳을 노리던 말와의 술탄이 이참에 구자라트 술탄과 연합해 치토르가르를 정복하고자 군사를 일으킨다. 쿰바는 수세에 몰린다. 하지만 임전무퇴의 각오로 임해 끝내 연합군을 격퇴하는데, 승리의 순간 쿰바는 포효한다. "이제껏 이런 승리는 없었다. 전례 없는 건축물을 지어 승리를 기념할 것이다!"

그렇게 세워진 것이 바로 비자이 탑(1448년)이다. 이름 그대로 '승리의 탑[2]', 전승(戰勝) 기념탑이다. 인도에선 종교적 위대함이 건축물의 높이와 웅장함으로 표현되는 경우가 많다면, 때로 그것은 절대적인 권력과 전쟁의 승리에 할애된다. 라지푸트 족의 용맹을 상징하는 탑은 치토르가르 요새 위에 세워진 37미터 높이의 9층탑이다. 요새의 위치에 탑의 높이까지 더해진 곳이다. 강풍에 위태롭진 않을까 싶은데, 오랜 건축물임에도 균형을 잃지 않는다. 붉은 사암(沙巖)으로 축조한 외부는 라지푸트 고유의 건축 양식을 보여주고, 내부는 섬세한 조각들로 왕의 가계도를 기록해 놓아 사료적 가치를 지닌다.

쿰바 왕은 건축과 예술을 사랑했다. 승리의 순간을 기념하기 위한 여러

---

2. '비자이'가 곧 승리를 뜻한다.

치토르가르의 여인들과 조하르를 행하는 파드마바티.

방법 중 그는 기념탑을 선택했고, 이를 위해 병사와 주민들이 총동원되었다. 무릇 그런 지도자를 두면 백성들이 피곤한 법이지만, 비자이 탑만큼은 승전의 자긍심으로 고취되어 하늘로 솟아올랐다. 단지 열세를 극복했을 뿐 아니라 힌두가 이슬람 세력에 거둔 승리이기에 기쁨 두 배였다. 이후 이어진 무굴 제국과 식민지 시대 등 오랜 이방(異邦)의 강점기를 감안하면, 라지푸트가 그렇듯 이곳이 인도인들에게 불굴의 항쟁 정신, 힌두의 자부심으로 상징되는 건 당연하다.

다만 세상의 어떤 장소들은 때때로 보이는 것과 다른 양면의 얼굴을 품고 있다. 치토르가르도 그런 곳이다. 승리와 패배는 그리 먼 거리에 있지 않다. 승전탑이 세워지기 한 세기 반 전(1303년), 이곳은 메와르 왕조의 라탄 싱이 다스리고 있었다. 이곳의 왕비 파드마바티(파드미니)는 절세가인(絶世

佳人)으로 소문이 파다했는데, 델리의 술탄 알라우딘 킬지가 그녀를 탐내며 군대를 일으킨다. 전략 요충지였으니 '절세'인 건 파드마바티뿐은 아니었을 것이다.

킬지는 파상 공세를 거듭하고, 급기야 라탄 싱을 포로로 잡는다. 그리고 하룻밤을 허락하면 그를 풀어주겠다고 왕비에게 제안한다. 왕비는 술탄의 제안을 받아들인다. 그러나 이는 왕비의 기지(機智)로, 그 틈을 타 라탄 싱을 구출해낸다. 격노한 킬지는 최후의 공격을 가하고, 치토르가르 요새는 풍전등화의 운명에 처한다.

라탄 싱은 패한다. 임전무퇴의 정신도 소용없을 때가 있다. 요새가 함락되려 하자 왕비와 치토르가르의 여인들은 거대한 불을 피우고 그 속으로 한 명씩 뛰어든다. '조하르'의 풍습이다. 스스로 죽음을 맞이함으로써 정절과 자존심을 지킨 것이다. 문득 논개의 일화를 떠올린다. 인도인들 사이에 대대로 회자될 만큼 숭고한 희생이다. 그러나 결국 패배의 상처를 절절한 비극으로 씻어낼 뿐이다. 게다가 조하르의 전례는 왜곡된 악습의 빌미가 되기도 해 씁쓸한 여운을 남긴다. 다만 분명한 사실은 당시대 점령지 여성의 운명은 그런 비극적 죽음보다도 더 비참했을 것이란 점이다.

이후로도 이곳의 주인은 여러 번 바뀌다가 그 혼란기에 종지부를 찍은 건 무굴제국이었다. 중세의 전력 요충지도 시대의 흐름 속에 그 자리를 내주었다. 이제 남은 건 승전과 비극의 이야기다. 반어적(反語的) 문장처럼 그 둘은 한 곳에 잠들어 있다. 만약 치토르가르에 간다면 어느 쪽을 눈여겨보아야 할까?

난공불락(難攻不落)의 함락

"이리 허무하게 당하다니…"

완벽한 요새는 너무 쉽게 점령되고 만다. 또 무슨 이야기일까?

인도의 요새들은 이제 땅이 아닌 이야기를 지킨다. 그러나 도처에 성(城)과 요새가 보이니 면역이 생긴다. 어지간히 특별한 곳이 아니라면 선택의 갈림길에서 갈등할 때도 있다. 가볼까? 이번엔 그냥 지나칠까? 장소에 대해 알면 알수록 풍미가 더하지만, 그냥 돌아선다면 그 이야기도 미지의 영역 속에 남을 것이다. 지나고 보면 아쉬운 일이다.

아마도 한때 이곳엔 삶과 죽음의 함성이 가득 메아리쳤을 것이라는 경이로움에 성벽을 쓰다듬다가, 문득 머리를 스쳐간 어떤 깨달음으로 급히 손을 거둔다. 세월은 흘러도 피의 흔적은 남아있을 것이기 때문이다. 본능적으로 손바닥을 내려다본다. 언뜻 평소 손의 감각과 다르다. 그럴 리 없지만… 오싹하고, 생각 때문이지만 정말로 뭔가 묻어있는 듯하다. 연질(軟質)의 피부 위로 작은 알갱이의 이질감 같은 게 느껴진다.

마하라슈트라 주 아우랑가바드에서 북서쪽으로 13킬로미터 지점에 있는

다울라타바드도 인도에서 손꼽히는 요새 가운데 하나다. 도시 전체가 요새화되어 땅의 요새(Land Fort)와 언덕의 요새(Hill Fort) 크게 두 구역으로 나뉘고, 그 사이사이 마치 거인의 진격을 막으려는 듯 삼중의 성벽으로 방어막을 형성하고 있다.

먼저 가장 외곽의 성벽인 앰버코트는 크게 도시를 휘감으며 마흔다섯 개의 보루(堡壘)로 이어져 있고, 이곳을 통과할 경우 마하코트와 마주하게 된다. 마하코트는 미로와 같은 구조로 지어져 적군을 막다른 길 내지 함정으로 몰고, 그 통로는 옛 전쟁의 중기갑부대로 일종의 탱크 역할을 했을 코끼리 부대의 이동이 어렵도록 설계되었다. 적(敵)이 일차 저지선인 앰버코트를 넘더라도 전술상 불리한 위치에 놓이게 만든 것이다.

마지막 최후의 방어선은 칼라코트다. 182미터 높이의 언덕을 등진 곳으로 절벽, 해자(垓字)로 둘러싸여 있고, 높은 언덕 위엔 대포가 설치되어 있다. 유사시에는 요새로 이어지는 도개교(跳開橋)를 끊을 수 있다. 여기에 더해 45미터 길이의 좁고 어두운 터널을 만들어 적이 들어올 경우 미로 속을 헤맬 뿐 아니라 곳곳에 부비트랩을 설치해 출입구를 차단하고 적을 섬멸할 수 있도록 했다. 인디아나 존스 박사도 울고 갈 곳이다.

다울라타바드 요새는 14세기까지 공략이 불가능한 곳이었다. 뛰어난 건축 기술도 돋보이지만, 지형의 이점(利點)을 십분 활용했다. 사람은 성벽을 쌓아올리고 자연은 그곳을 불멸의 요새로 완성시켰다. 그러나 난공불락의 요새라도 영원한 왕국의 영화(榮華)를 보장하진 못했던 듯하다. 이곳은 굴곡 많은 역사를 겪으며 여러 차례 주인이 바뀌는 운명을 맞이했다.

12세기 말 찰루키아 왕조의 신하 빌라마 판참(빌라마 5세)이 독립하며 이곳에 요새를 만들고 야다바 왕조를 세웠다. 당시엔 이곳을 데바기리(神들의 언덕)라고 명명(命名)했다. 이후 싱가나 2세 때 언덕의 요새가 추가로 세워졌는데, 14세기 투글라크 왕조의 무함마드 빈 투글루크 대에 이르러 현재의 명칭으로 바뀌었다. 무굴제국과의 충돌 등 수세기간 이어진 전쟁 속에 적법한 후계자가 없거나 정쟁(政爭)과 배신 등을 이유로 여러 차례 통치자가 교체되기도 했다. 요컨대, 요새는 영원해도 권력은 유한(有限)하다.

난공불락의 요새를 꼽으라면 잔지라를 빼놓을 수 없다. 마하라슈트라 주 뭄바이에서 165킬로미터, 무르드 인근 육지에서 800여 미터 떨어진 바다 위의 요새로, 이곳은 아라비아 해 한 가운데의 섬을 성벽으로 둘러싸 요새화한 것이다. 잔지라 요새는 완성되기까지 22년이 걸렸다. 최초는 해적을 막는 용도로 지어진 원주민과 어부들의 볼품없는 방어 요새였던 곳으로 그 시작이 미국 샌프란시스코의 앨커트래즈 같은 곳이다. 점차 전략적 가치를 인정받아 지방 술탄국의 사령관인 말릭 암바르에 의해 요새화되기 시작했다. 말릭 암바르는 어릴 때 부모에 의해 노예로 팔려 인도로 와 성장한 입지전적(立志傳的)인 인물이다. 이를 이어받아 시디 암바르가 요새를 기반으로 독립해 시디 왕조(16세기)를 세웠다. 이후 잔지라는 완벽한 요새로 탈바꿈하게 되는데, 단단한 외벽 뒤로는 궁전과 사람이 살아갈 만한 거주지 및 사원이 갖춰져 있다.

영국과 포르투갈 등 식민지 시대 서구 열강이 이곳을 노렸지만 공략에 실패했다. 특히 마라타 동맹(힌두)의 영웅 시바지도 이곳을 차지하려 했지만, 그 후대에 이르기까지 온갖 전략을 동원해 공략해도 점령엔 끝내 실패했다. 무굴제국과의 동맹 등 견제책도 통했다. 높이는 특별할 것 없는 요새지만, 현재도 건재하리만큼 튼튼한 성벽(납을 씌워 내구력을 강화함)을 가졌고, 사면의 바다에 총 572문의 대포로 무장했다. 공중전이 시작되기 전까지 바다를 건너 이곳을 공략한다는 건 쉽지 않았다.

이곳은 이제 무르드-잔지라로 불린다. 무루드는 섬을 뜻하는 지역어인 콘

칸어, 잔지라도 섬을 뜻하는 아랍어인 자지라에서 비롯되었다. 무적의 요새라고도 한다. 요새가 자리잡은 이래 400여 년 이상 단 한 차례도 함락된 적 없다. 하지만 영국 식민지 시대가 열리고 인도에 합병되며 유명무실의 요새가 되었다. 전쟁이 아닌 시대의 대세에 무릎 꿇은 곳이다. 이렇듯 패하지 않는다고 영원한 건 아니다. 세상의 많은 부분이 그러하듯 이곳도 그것을 받아들였을 뿐이다.

요새(要塞)… 새삼 덧없다. 그러나 그 덧없음이 이곳을 찾을 이유다. 사랑, 전쟁 그리고 품어둔 다른 이야기를 듣기 위한 것이다. 성벽을 따라 걷는 사이 연신 손을 쥐다 피며 양손을 마주 비빌 것이다. 마찰이 거듭될수록 손바닥은 붉어지지만 그 이질감은 닦아낼 수 없다. 손바닥에서 타는 냄새도 날 것이다. 흡사 그걸 중세의 어느 전쟁터에서 피어오른 연기 냄새라고 여길지도 모르겠다. 적의 침공을 알리는 외침과 생사의 절규도 들린다. 역사의 피를 손에 묻히듯 생생하다.

단지 인설(鱗屑·살가죽 부스러기)의 탄내, 동네 아이의 울음소리, 그저 사암 가루가 좀 묻어난 것이지만… 손을 털어내며 상상해볼 것이다.

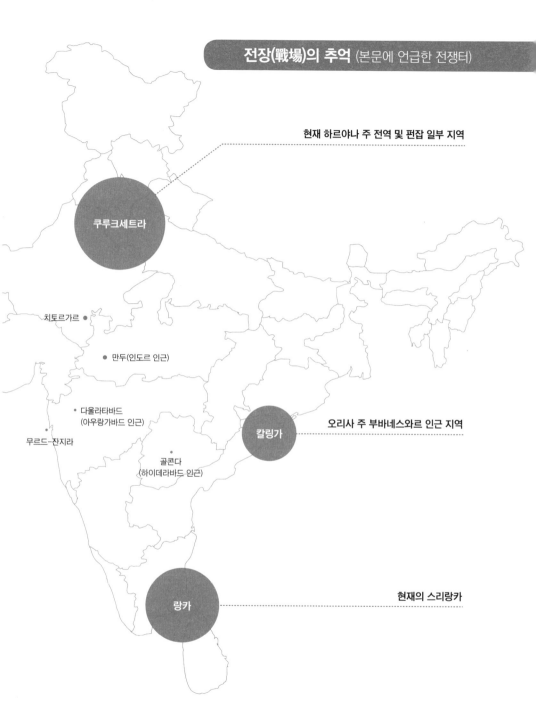

전장(戰場)의 추억 (본문에 언급한 전쟁터)

현재 하르야나 주 전역 및 편잡 일부 지역

쿠루크세트라

치토르가르

만두(인도르 인근)

다울라타바드
(아우랑가바드 인근)

무르드-잔지라

골콘다
(하이데라바드 인근)

칼링가 ······· 오리사 주 부바네스와르 인근 지역

랑카 ······· 현재의 스리랑카

어둠의 빛

불교 外

○ 일곱 현인(賢人·리쉬)들

대홍수가 일어나자 마누의 방주에 탄 인물들로 베다와 우파니샤드, 힌두 문학 등 곳곳에 언급되며 칭송받는 현인들이다. 흔히 창조신 브라흐마의 (정신에서 잉태한) 후손이라고 일컫는데, 이들을 인도 브라흐만 계급의 선조(先祖)라고 여긴다. 일곱 현인으로는 아가스티야, 아트리, 바르드와자, 고탐, 자마다그니, 비쉬와미트라, 바시슈타 등이 언급되는데, 지역과 문헌에 따라 상당한 차이가 있다.

○ 칼링가 전쟁

인도 동부 해안에 위치(오늘날 오디사, 안드라프라데시 州)한 칼링가의 지방 왕국과 아소카의 마우리아 제국이 맞붙은 전쟁이다. 기원전 4세기경 쇠(衰)하기 전까지 남인도의 난다 제국에 속해 있던 칼링가는 대대로 인적, 물적 자원이 풍부한 곳으로, 인도 동해안 무역과 교류의 거점이었다. 주요 항구와 강력한 수군을 보유한 칼링가는 경제, 문화적으로 그 창구를 독점하고 있었다. 인도 대륙의 대부분을 차지한 마우리아 제국은 그러한 이유로 칼링가 역시 포기할 수 없었다. 아소카의 조부(祖父)인 찬드라굽타도 이곳을 공략한 적이 있었으나 실패했는데, 새롭게 왕위를 계승한 아소카는 왕권을 공고히 할 기회로 칼링가 정복을 목표로 삼게 된다. 전쟁은 칼링가가 의외로 필사 저항에 나서고, 이를 아소카가 완력으로 굴복시키는 과정에서 역사상 전례 없는 살육전으로 기록되고 만다. 이 전쟁은 아소카가 즉위한 이후 치른 유일한 정규전이었고, 이후 아소카는 피비린내 나는 정복 전쟁을 그만두고 불교에 귀의한다.

분노의 호수

이제 전쟁은 끝났다.

쿨리 계곡 남쪽 히마찰프라데시 주(州) 만디 인근에는 파라샤르라는 이름의 진귀한 호수가 있다. 〈마하바라타〉 이후 판두족 형제들이 스승의 안식처로 찾던 곳인데, 전설에 의하면 둘째 비마가 산봉우리를 밀어 자리를 마련해주었다고 한다. 이곳은 〈마하바라타〉 시대의 유물인 것이다. 그런데 이곳 만디엔 또 다른 전설도 전해진다. 세계에서 가장 오랜 최고(最古) 문헌이자 계시서인 리그베다[1]를 쓴 일곱 현인(리쉬)들에 얽힌 일화다.

일곱 현인으로 꼽히는 비쉬와미트라와 바시슈타는 여러 차례 서로 대립하고, 분노한 비쉬와미트라는 바시슈타의 아들 백 명(천 명이라고도 함)을 죽이고 만다. 대학살의 명단엔 바시슈타의 장남 사크티도 포함되어 있었는데, 그의 아내 아드리샨티는 마침 아이를 잉태한 상태였다. 남편이 죽자 그

---

1. 리그베다는 아리아인이 신드 지방에 정착해 나가며 겪게 된 여러 자연 현상, 토착민과의 투쟁을 그린 것으로 고대 인도인들의 종교, 사상, 사회, 문화적 모습을 시가(詩歌)의 형태로 표현한 모음집이다.

녀는 슬픔에 한없이 눈물을 흘린다. "저를 두고 가시면 어쩝니까…" 그러자 배 속의 아기가 대꾸하는 것이다. "아직 끝나지 않았어요. 어머니, 제가 있잖아요."

아기는 어미의 배 속부터 복수를 다짐하며 아버지와 가문을 학살한 원수에게 복수의 칼을 겨눈다. 아드리샨티는 배 속의 아기가 말을 건 것보다 태어나지도 않은 아기가 복수의 칼부터 가니 놀라 그 사실을 시아버지에게 전한다. "아버님, 아버님의 손자는 참으로 총명합니다. 제 배 속에 머물며 이미 베다를 깨우친 귀재(鬼才)이지요. 다만 전 이 아이의 분노가 걱정됩니다. 이 아이는 아버님과 다릅니다. 브라만이지만 스스로의 분노를 다스리지 못하고 밤낮으로 복수만 생각합니다. 아버님, 이 아이를 어떻게 해야겠습니까?"

아기의 이름이 바로 파라샤르다. 속되게 말해 그는 요즘 말하는 과잉행동 장애를 가진 것일지도 모르겠다. 시간이 흐르고 아이가 태어나 자라나자 할아버지는 손자에게 묻는다. "넌 누구에게 복수하려는 것이냐?"

"아버지를 죽인 자, 그리고 악(惡)한 자는 그 누구든 파괴하고 조각조각 분쇄해 버릴 것입니다." 그러자 바시슈타는 고개를 저으며 말한다. "아이야, 그만 그 화를 멈추거라. 분노는 본디 어리석은 것이란다. 화는 눈을 멀게 하고, 화를 낼수록 너의 지혜 또한 줄어든다. 그것이 현자와 악귀의 차이니 너는 감정을 조절할 줄 알아야 한다."

"하지만 전 그놈에게 복수해야 합니다."

"하지만! 복수의 화염은 너부터 먼저 집어삼키고 말 것이다. 넌 크샤트리아가 아닌 브라만이다. 너의 사명은 고행하며 지식을 쌓고 그것을 나누는 일이다."

파라샤르는 브라만이기에 울분을 다스려야 했다. 할아버지의 가르침을 받은 그는 모든 걸 버리고 히말라야로 떠난다. 비단 높아서 가는 게 아니라

지식이 높기에 가는 곳이 히말라야라고도 한다. 그 여정 속에 그는 분노와 증오 그리고 복수에서 자신을 해방시킨다.

일설에 의하면 사실 힘으로도 파라샤르는 도저히 비쉬와미트라의 상대가 될 수 없었다고 한다. 그러므로 자신만의 방식인 혹독한 고행으로 복수할 수밖에 없었다. 게다가 복수심을 품은 그가 가족 곁에 머물면 비쉬와미트라가 또 다시 공격해 자신과 어머니까지 죽이려 들 것이었다. 그러니 스스로 산 속 깊은 곳으로 가야 했다는 얘기다. "난 복수의 화신이 아닌 현자의 운명을 타고 태어났다. 나 자신이 떠나야 한다. 내면의 평화를 찾고, 칼이 아닌 엄격한 수행으로 비쉬와미트라를 이길 것이다. 위대한 학자가 되어 지혜로 그를 무너뜨릴 것이다." 어쨌든 정신의 승리… 수행길에 오른 그의 다짐이었을 것이다.

고요한 곳을 찾던 파라샤르는 마침 적당한 곳에 이른다. 하늘과 땅이 맞닿은 곳이다. 그곳은 수천 년이 흐른 지금도 여전히 적요(寂寥)하고, 너무나 평화로운 나머지 새들마저 날갯짓을 멈추는 곳이다. 그곳엔 기묘한 호수가 덩그러니 있는데, 수행을 통해 분노를 극복하려던 파라샤가 도끼로 땅을 내리치자 그 순간 물이 솟아나며 호수가 생겼다는 전설이 전해진다. 분노를 가두기 위해 생긴 호수다. 아무튼 현자가 수행하며 일군 터전이란 뜻일 텐데, 이런 고산지대에 호수가 형성된 건 가히 볼 만한 광경이다. 파라샤르는 이곳에서 완벽한 평정을 찾고 호수는 성소(聖所)가 된다. 우묵한 모양의 아름다운 호수 뒤로 히말라야가 병풍처럼 서 있는 곳이다.

호수는 만디로부터 50킬로미터 거리에 있다. '공주의 금지된 사랑'에서도 만디를 언급했는데, 산기슭의 주변 도시들과 더불어 이야깃거리가 풍부한 곳이다. 물의 출처는 아무도 모르는데, 모두가 그 물을 신성시 여겨 성수(聖水)로 담아간다. 상서로운 일에 이 물을 쓰는 것이다. 호수 위로 조그만 풀

섬이 떠다니는데, 아침에는 동쪽에 있다가 저녁에는 서쪽으로 이동한다고 한다. 풀 섬이 움직이는 것을 볼 수 없는데, 아마도 주변의 흙과 식물의 생물학적 작용이겠지만, 아주 조금씩 움직여 미처 의식하지 못한 사이 이동하는 것으로 보인다. 시간이 지나면 어느새 위치가 달라져 있는데, 간절히 소원하면 움직이는 것을 볼 수 있다고 한다.

호수 곁엔 파라샤르 리쉬 사원이 있다. 히마찰프라데시 건축 예술의 표본인데, 현존하는 이러한 양식의 사원은 드물다. 사원은 히말라야의 삼나무 한 그루를 잘라 만들었는데 거미 한 마리가 거미줄을 치자 6개월 난 아기가 따라가 사원을 세웠다는 민담(民譚)이 전해진다. 아마도 당시 사원을 세우던 인물이 마침 그런 꿈을 꾼 데에서 비롯된 전설로 추측되는데, 어떤 작품을 두고 신(神)이 나의 손을 빌려 만들게 하셨다고 말하는 것과 유사한 풀이다. 이 사원은 고대부터 존재했을 것으로 보지만 현재의 모습은 13~14세기에 자리 잡은 것으로 여겨진다.

인도의 위대한 현인(賢人)이 수행하며 분노를 다스린 이곳은 폭력이 해결책이 될 수 없음을 보여준다. 인도는 전쟁의 역사를 품고 있지만, 복수는 답이 아니라는 것도 이야기해 준다. 사람들의 가슴 깊숙한 곳에 새겨진 오랜 교훈이지만, 그럼에도 눈에는 눈, 이에는 이로 무릇 잘 지켜지지는 않는 법이다. 그리하여 피로 물든 상처엔 결국 치유가 필요하다.

칼링가의 힐링

정복자는 비로소 전쟁의 아픔을 깨닫는다.

"내가 무슨 짓을 한 걸까, 이것이 승리라면, 패배는 무엇인가? 승리인가, 패배인가? 정의인가, 불의인가? 이것이 용맹함이라면, 무고한 아녀자와 아이들을 죽이는 것도 용맹이란 말인가? 내가 한 일은 제국을 번성시키는 일인가, 아니면 또다른 이들의 번영을 빼앗고 파괴하기 위한 일인가? 누군가는 남편을 잃고, 아버지를 잃었다. 또 누군가는 자식을 잃었다. 이 흩어진 주검들의 잔해란 무엇인가? 이것은 승리의 징표인가 패배의 낙인인 것일까? 시체로 몰려드는 독수리와 까마귀들은 죽음과 악마의 전령(傳令)이나 다름없지 않은가!"

아소카 왕(기원전 273-232년)은 칼링가 정벌 이후 전쟁의 잔혹함과 살생의 허무함을 깨닫고 불교에 귀의(歸依)한다. 그는 불교를 포교하여 크게 발전시키며 화합과 평화의 시대를 연다. 인도 최초의 통일 왕조 마우리아와 아소카 그리고 불교의 인연이 한데 얽힌 인도 역사의 한 장면이다. 마우리아와 아소카의 업적을 칭송하자면, 칼링가의 비극 또한 묵과할 수 없다. 희

아소카의 칼링가 정복.

생이 너무나도 컸다. 칼링가의 십만의 군대가 괴멸(壞滅)되었고, 아소카의
군대도 그에 못지않은 희생을 치렀다. 양측 통틀어 이십만의 사상자를 낸
것이다. 물론 고대 인도에 그만한 인구가 존재했을지… 실제 전쟁의 규모는
상상에 맡길 뿐이다. 다만, 숫자는 강조의 수사(修辭)에 지나지 않아도 피
얼룩진 칼링가의 나이테는 선명하다.

그 선명한 흔적을 찾아볼 수 있는 곳이 우다야기리와 칸다기리(카탁) 석
굴이다. 오디사 주 부바네스와르에서 약 7킬로미터 떨어진 이곳은 두 개의
산에 걸쳐 흩어져 있는데, '우다야기리'는 떠오르는 태양, '칸다기리'는 험준
한 산을 의미한다. 형성된 지 무려 2000년(기원전 2세기경)을 넘겨 아잔타
석굴보다도 더 오래된 석굴로 우다야기리에는 열여덟 개, 칸다기리에는 열
다섯 개 도합 총 서른세 개의 석굴이 위치해 있다. 내부에 자연 생성 동굴
이 있는 곳을 단순한 도구와 인간의 힘만으로 뚫고 들어갔다. 자연과 인간
의 콜라보인 셈이다.

고대 칼링가에 위치한 석굴은 기원전 1~2세기 사이 이 지역을 다스리던 카라벨라 왕의 통치기에 형성되었는데, 왕은 자이나교도였고 석굴은 자이나교 사제(司祭)를 위해 지어진 곳이다. 순례와 고행 중이던 많은 승려들이 이곳에 머물며 휴식을 취하고 불공을 드리며 가르침을 전하고 경전을 썼다. 석굴들은 하나같이 검소하고 내부는 작고 사람이 일어설 수 없을 만큼 천장이 낮은데, 스스로 낮은 곳에 임하듯 자이나교의 금욕적인 특징을 잘 드러낸다.

서른세 개의 동굴 중 가장 대표적인 곳은 코끼리 동굴과 여왕의 동굴이다. 코끼리 동굴은 가로 17미터, 세로 9미터의 자연 석굴로 벽에는 당시 언어로 13년에 걸친 카라벨라 치세(治世)의 업적을 묘사한 석문(石文·17줄의 글)이 남아있다. 이는 고대 인도의 왕에 대한 최초의 역사적 기록으로 고고학적으로 중요한 발견인데, 이 동굴이 큰 가치를 지니는 이유이기도 하다. 왕의 통치와 순방, 전쟁과 전투에 관한 기록이 열거되어 있고, 이는 한때 마우리아에 의해 세력을 잃은 칼링가가 참혹했던 역사를 뒤로 하고 다시금 번영했다는 증거이기도 하다.

여왕의 동굴은 우다야기리 우측에 위치한 곳으로 뜰과 테라스로 이어진 공연장 같은 모양새다. 복층으로 구성된 동굴은 아래층에 일곱 개의 입구, 위층에 아홉 개의 기둥으로 이어져 가장 규모가 크다. 정교한 조각도 돋보이는데, 위층의 조각들은 특히 주목할 만하다. 사람들의 일상을 묘사해 고대의 생활상이 어떠했는지 엿볼 수 있고, 삼면 조가으로 장식된 기둥은 불교의 사리탑과 유사하다고 한다.

석굴 앞으로는 뜰이 위치해 있다. 음향 효과가 좋아 기도회 등 각종 행사와 공연장으로 이용되었을 가능성이 있다. 발코니에 앉아 공연을 즐기기에 좋은데, 지금은 관객 대신 원숭이들이 가득 자리잡고 있다. 석굴 내부는 코끼리 동굴과 마찬가지로 낮다. 베개로 쓰듯 머리 방향이 경사면으로 비스 듬한데, 도미토리처럼 공동 침실로 쓰였을 것으로 보인다. 실용적인 측면으로 석굴 내부에는 정교한 배수(排水) 장치도 설치되어 있는데, 우기(雨期)에 석굴 내부가 침수되는 것을 방지하도록 배수로를 두어 물이 밖으로 흐르도록 되어 있다.

칼링가 전투는 치열했다. 대륙 정복을 꿈꾼 정복자 아소카는 그곳을 피바다로 만들어야 했다. 칼링가의 비극이다. 하지만 그 결과 평화의 시대가 열린다. 그리고 아소카의 통치가 끝나자 불과 반세기 만에 마우리아도 단명(短命)하고 만다. 무엇이든 끝이 있다. 하지만 새 살이 돋아나듯 칼링가의 역사는 계속 이어진다. 아소카의 정복과 포교를 상징하는 석주(石柱)들이 인도 도처에 남아 있듯, 칼링가 역시 석굴의 흔적으로 남아 있다. 험준한 산 속에 숨어 있던 곳을 재발견[2]한 건 9세기 초에 이른 뒤다.

---

2. 영국군 장교인 앤드루 스털링.

설법(說法)의 사르나트

인도의 유적지 가운데 많은 건 사원, 요새다. 그리고 석굴도 빼놓을 수 없을 것이다. 석굴은 그 자체로 사원이거나 승려와 고행자들이 머물던 처소이자 수련 공간이었다. 석굴 하면 〈마하바라타〉의 락샤그라하가 그렇듯 힌두교도 무관하지 않지만 아무래도 불교부터 떠오른다. 인도에서 태동한 불교는 전 세계에 영향을 끼쳤고, 그 위대한 역사는 사르나트에서 시작된다.

카필라 왕국의 장남으로 태어난 고타마 싯다르타는 왕국을 떠나 수행 길에 오른다. 그가 곧 불교의 교조(敎祖) 석가모니다. 부왕(父王)의 만류에도 출가한 그를 다섯 현자가 뒤따르는데, 그들이 곧 훗날의 다섯 제자(비구)로 석가모니의 수행 길을 보필한다. 그들은 석가모니가 깨달음을 얻으면 자신들도 가르침을 얻고 구원되리라 믿었다. 석가모니가 이른 곳은 부다가야의 보리수나무 아래다. 그는 이곳에서 명상하며 깨달음을 얻을 때까지 떠나지 않겠다고 맹세한다. 다섯 제자 또한 그곳에서 5년 간 함께 머물며 수행한다. 그러나 혹독한 수행을 거듭한 석가모니가 쇠약해져 쓰러진다. 빈사(瀕死)의 그를 발견한 지나가던 처녀가 물 한 그릇을 건네며 묻는다. "어

최초의 설법(說法).

찌 이토록 혹독한 고행을 하시는지요?” 그 물음에 석가모니는 답한다. “고통을 알지 않고서 어찌 삶의 의지를 알 수 있겠는가?” 석가모니는 처녀가 준 음식을 취해 체력을 회복하고 목욕을 재계하며 심신을 맑게 한다. 하지만 그 모습을 본 제자들은 실망하며 회의감을 느끼고, 더 이상의 육체적인 고행은 의미가 없다고 여긴 그들은 결국 석가모니의 곁을 떠나 사르나트로 거처를 옮긴다.

그럼에도 석가모니는 홀로 남아 단식과 고행을 계속한다. 그리고 그는 마침내 깨달음을 얻고 달관(達觀)하여 모든 의혹(疑惑)에서 벗어난다. 석가모니는 얼마 후 설법을 전하고자 사르나트로 떠난 제자들을 찾는다. 그 기쁨을 나누기 위해, 낙담하며 자신을 떠난 이들을 제일 먼저 가르치기로 한 것이다. 사르나트는 최초의 설법 장소가 된다. 부다가야에서 사르나트로 온 석

석가모니 최초의 설법 장소인 불교 유적지 사르나트.

가모니의 모습에 다섯 제자는 놀라고[3], 석가모니는 그들에게 첫 가르침을 준다. 그것은 쾌락과 고행의 양 극단을 배제한 중도(中道)의 설법이었다. 최초의 설법을 들은 다섯 제자는 감화되어 경의를 표하고, 불교 교단이 성립된다.

지금 사르나트의 유적들을 보면 웅장하지만, 부처가 이곳을 찾았을 때만 해도 수풀이 우거진 밀림이었다. 힌두교의 오랜 성지 바라나시로부터 멀지 않은 곳이다. 사르나트는 '사랑 나트'라는 낱말에서 유래했는데 '사랑'은 사슴을 뜻한다. 과연 이곳엔 다양한 종(種)의 사슴이 서식해 녹야원(鹿野苑·사슴을 놓아기르는 뜰)이라고도 불린다. 그런 사르나트에 불탑을 세운 건

---

3. 부다가야에서 깨달음을 얻은 지 64일 후 사르나트에 도착한다.

바로 아소카 왕이다.

불경에 따르면 불탑 안에는 석가모니의 불사리가 있다고 전해진다. 석가모니가 열반(涅槃)에 들자 불사리를 여덟 개로 나누어 각각 불탑을 세웠는데, 아소카 왕은 그중 하나를 제외한 일곱 개의 불탑(佛塔)을 발굴했다. 발굴되지 못한 하나는 불탑 전체를 둘러싼 뱀 때문이었는데, 나머지 발굴된 일곱 개의 불사리를 나눠 다시 8만4000개의 불탑을 세웠다. 각각의 불탑 가장 아래 그 불골(佛骨)을 모셨다고 한다. 8만4000[4]이란 무한함을 뜻한다고도 하는데 그만큼 불사리를 나눠 많은 불탑을 세웠다는 건 아소카 왕이 불교를 널리 전파했다는 의미다.

---

4. 불가에선 중생에게 팔만사천의 번뇌가 있고 이를 다스리고자 팔만사천의 법문을 설(說)했다고 한다. 아울러 팔만대장경 역시 그 다른 이름은 팔만사천대장경이다. 팔만사천 법문이 있다는 뜻이다.

불교와 아소카의 절정(絶頂)

  불교는 마우리아 왕조의 아소카왕의 치세(治世)에 이르러 중흥기를 맞이한다. 인도 최초의 통일 국가인 마우리아 왕조의 절정기이기도 했다. 아소카왕은 정복 전쟁을 거듭했고 전쟁의 폐허 속에 환멸을 느끼며 깨달음을 얻는다. 정복의 대업(大業)을 이루고 불교에 귀의한 그는 드넓은 제국의 안정을 취하고자 종교를 통한 화해와 통합을 추구하는데, 영토 끝자락과 무역로의 관문에 높은 석주(石柱)와 석탑을 세워 영토를 널리 공표하고 그곳에 글을 새겨 법을 알리고 백성들을 교화한다. 그것이 지금껏 남아 고대 왕국 마우리아의 흔적과 인도의 역사적 뿌리를 확인할 수 있게 만든다. 석주의 삼 사자 문양은 현 인도의 국장(國章)이다.

  산치탑 또한 그 흔적 가운데 하나다. 마디아프라데시 주의 소도시 산치는 산치탑을 보기 위한 불교 순례자들이 모여드는 곳이다. 사실 석가모니의 행적과는 관계가 없는 곳이지만, 아소카왕이 탑을 세운 뒤 세월이 흘러 순례지가 되었다. 불교 순례자 외에도 인도의 역사적 뿌리와 아소카 왕의 업적을 되새기며 찾아갈 곳이다. 한편 산치탑이 세워진 데엔 아소카왕의 개인적인 이유도 있었다. 그의 왕비 가운데 하나가 바로 이 주변 출신이었던 것이다.

종교적 의미 외에도 산치탑은 고대 석조 건축물로 그 가치를 인정받는다. 목조 건축이 주류였던 시대에 새로운 건축 방식을 썼다는 점이 의미를 지닌다. 특히 탑을 둘러싼 동서남북 정방향의 네 개 문이 독특하다. 석조 구조물이지만 석회 등 특별한 연결재 없이 돌과 돌을 쌓아야 했던 당시 사정이 반영되어 꼭 나무 기둥 같은 모양을 하고 있다.

원래 탑의 원형은 지금보다 작았다. 작은 규모였던 탑이 시대를 거치며 증축되어 오늘날에 이른다. 처음엔 지금의 반 정도 크기에 진흙과 벽돌로 지어진 탑 주위를 목재 담이 둘러싸고 있었다. 거기에 석조 난간과 지붕, 발코니 등이 추가(기원전 1~2세기경)된 것이다. 12세기에 지금의 모습으로 완성되었는데, 현재는 직경 40미터, 높이 16~17미터에 이른다.

이 탑이 2000년이 흐른 오늘날까지 남아 있는 건 대단하다. 종교와 역사를 아우르는 유적인데, 각기 다른 두 관점에서 모두 중요한 장소를 찾아 하나의 순례길에 오르는 건 흔치 않은 일이다.

불(佛)의 석굴

석굴로 돌아와 불교의 순례길에 오르면 인간의 영역을 초월한 곳에 이른다. 마하라슈트라 주 뭄바이 북쪽의 칸헤리 석굴은 세 개의 산에 걸쳐 모두 109개의 현무암 석굴로 이루어져 있다. 대표적인 불교 중심지로 기원전 1세기 조성되기 시작해 11세기까지 승려들이 머물렀다. 가장 오래된 석굴은 2000년(2~8세기에 조성되었다고도 한다)이 흘렀는데, 인도에선 흔한 표현일지 몰라도 말 그대로 천년의 유적이다.

특히 3번 굴(차이티야 석굴)이 돋보이는데, 내부를 서른네 개의 기둥이 받치고 있고 약 7미터 높이의 사리탑이 있다. 석굴 안에는 석가모니의 입상(立像) 등 2개의 거대한 불상이 세워져 있어 세계 최대의 불교 석굴로 꼽는다. 불교 예술의 위대함과 함께 주거의 흔적도 곳곳에 남아 있다. 오랜 세월 승려와 신도가 머물러 그만큼 실용적인 주거지이기도 했다. 이곳에 거주하는데 있어서 한 가지 맹점(盲點)은 산간 지대에 위치(서고츠 산맥)한 까닭에 물을 구하기 어려운 것이었다. 빗물을 제외하고는 수원(水源)이 없으니 우기의 빗물을 받아 저장하고 활용하는 것이 중요했다. 자연히 저수 시스템

아잔타 석굴.

이 발달했고 석굴 전체가 그 목적에 걸맞게 설계되어 있다.

자연의 흐름에 따라 물이 낙수하며 계단식 우물, 연못 등에 저장된다. 수로를 뚫고 벽을 쌓아 저수지로 활용하고, 하나의 저수지가 차면 아래의 저수지로 물이 흘러 고인다. 이는 유속(流速)을 떨어뜨리고, 토사를 걸러주며 자연 정수(淨水)의 기능도 한다. 남은 물은 아래 석굴에서 쓴다. 댐을 연이어 세운 방식으로 가능한 물이 낭비되지 않도록 되어있는데 이른바 고대의 댐 시스템이라고 볼 수 있다. 불과 물의 유적인 것이다.

좀더 미스터리한 곳은 아잔타 석굴이다. 인도 마하라슈트라 주에 위치한 이 장대한 석굴은 계곡을 가로질러 산 하나를 품에 안고 있다. 규모에 놀라고 오랜 세월에 또 한 번 놀란다. 하나의 큰 바위에 무려 서른 개의 석굴이 나 있는데, 내부의 벽화들은 그 가치를 가늠할 수 없다. 크게 두 시기에 나뉘어 조성되었을 것으로 보는데, 처음 석굴이 들어선 것은 기원전 1세기부터 기원후 2세기까지로 명확하지 않다. 이후 약 3세기 동안 건설이 중단되었다가 5세기경 대승(大乘) 불교 시대에 이르러 추가 조성된 것으로 본다. 그 이유는 당시 일대의 재정 악화를 원인으로 꼽기도 한다. 이곳은 아우랑가바드 고원에서 잘가온 고원(高原)으로 내려가는 방향에 위치한 고대의 무역로였던 것이다.

밝혀지지 않은 부분이 아직 많다. 다만 미완의 석굴에서 그 단서를 찾기를, 건설 방식은 위에서 아래로 얇은 굴을 판 뒤 안쪽과 바깥쪽에서 동시에 파들어 가 서서히 석굴의 형태를 갖추었다고 한다. 후기 조성된 석굴들은 완성에 약 15~17년이 소요되었을 것으로 보고, 건설 기간이 광범위한 만큼 목조 건축 시대의 특성도 일부 발견된다. 기도실(19번, 26번 석굴)은 각기 동지(冬至)와 하지(夏至)에 햇빛이 동굴을 비치도록 되어있는 점이 흥미롭다. 석굴의 벽화 또한 연구 대상인데, 여러 지역과 문화에서 영향 받았을 가능성을 시사하고, 오래도록 잘 보존된 만큼 사용 재료에도 주목하고 있다. 반면 건설에 사용된 도구는 무척 단순했던 모양으로 조그만 끌이 발견되었을 뿐이다.

연대로 추정컨대 전기(前期)의 석굴은 이 일대를 다스리던 사타바하나 왕조, 후기(後期)의 석굴은 바카타카 왕조(하리셰나 왕)의 지원 아래 건설되었을 것으로 본다. 석굴에 대한 의문은 풀기 어렵고, 조각가와 화가 또한 여전히 알 길이 없다. 잠들어 있던 이곳을 다시 깨운 건 영국군 장교 존 스미스(1819년)다. 그는 호랑이 사냥 중 우연히 이곳을 발견했고, 동굴은 동면(冬眠)에서 깨어나 비로소 인류의 역사에 재등장한다. 호랑이를 잡으러 간 스미스의 눈은 순간 반짝였을 것이다. 그러나 그가 과연 이 깊고 어두운 동굴 속 가득한 진리의 빛을 이해할 수 있었을까?

적(敵)은 미워하되 예술은 부러워하라

누구는 세상의 허위를 느껴 속세를 떠나 식음을 전폐한 채 고행한다. 누구는 핏빛 전쟁의 외상(外傷) 후 후유증에 시달리다가 깨달음을 얻고 종교에 귀의한다. 누구는 산 속으로 들어가 굴을 파고 답을 구한다. 누군가는 인내심을 가지고 눈앞의 커다란 바위를 통째로 조각해 나간다. 모두 어둠에서 빛을 찾는 것이다. 누구든 치유를 바란다. 예술도 치유의 또 한 가지 방식이다.

찰루키아 왕조의 비크라마디티아 2세(733-745년)는 팔라바 공략 중 칸치푸람 사원을 보게 된다. 너무 감탄하고 부러워한 나머지 그는 팔라바를 무찌르고 승리하자마자 팔라바의 조각가들부터 불러 모은다. 그들에게 의뢰해 똑같은 사원을 만들고 싶은 것이다. 적은 적이고 전쟁은 전쟁이지만, 예술도 예술이다.

어쩌면 오늘 하루 미세 먼지에 저녁 소주 한 잔 기울이듯, 막 전쟁을 끝내니 굶주린 피의 갈증을 예술로 적시려는 것일지도 모른다. 예술혼 가득한 왕은 승리를 기념하며 사원의 건립을 지시하는데, 그 결과물이 바로 오

함피 비루팍샤 사원.

늘날 카르나타카 주에 위치한 비루팍샤 사원[5]이다.

말라프라바 강둑에 위치한 이곳은 북인도와 남인도의 교차점으로 남북의 양식[6]이 어우러졌다. 찰루키아 왕조풍과 더불어 전통 힌두 건축 예술(바스투 샤스트라)의 양식도 따랐으니 창의력의 출발점은 역시 퓨전에서 시작되는 듯하다. 기하학적 구조로 전체와 부분 모두 반복성을 띤 것이 그 대표적인 특징이다. 사원의 배치는 중심부 신전(神殿)을 축으로 대칭형이고, 크고 작은 동일 패턴이 반복되어 하나를 이룬다.

시바 신을 숭배하는 사원으로 내부엔 신전과 조각들이 가득한데, 세 개

---

5. 함피에 위치한 동명(同名)의 사원과는 다른 사원이다.
6. 북인도의 나카라 양식, 남인도의 드라비다 양식.

의 성소(聖所)에는 각기 시바 신(중앙), 파르바티 여신(우측), 가네샤 신(좌측)을 두었다. 즉 시바 신 내외와 아들을 포함한 일가족인데, 이곳을 일컬어 트리쿠타찰나라고 부른다. 세부 조각들엔 또다시 실험성이 발휘되는데, 예술에 조예 깊은 왕의 높은 눈을 만족시키듯 기존 사원들과 차별화된 부분이 많다. 각 기둥의 조각엔 〈마하바라타〉와 〈라마야나〉의 이야기가 묘사되어 있고, 천장엔 태양신 수르야의 전차를 일곱 마리의 말이 끄는 형상이 표현되어 있다.

비자이 스탐바 즉, 승전(勝戰) 탑도 세워져 있다. 그곳엔 왕의 치적을 남겨 후대의 사가(史家)들이 그 흔적을 쫓을 수 있게 했다. 왕비에 대한 언급도 있어 사원 건립에 있어 그녀의 영향도 있었음을 전한다. 사원 건립에 참여한 조각가들도 잊지 않았다. 그들을 일컬어 삼계의 창조자(트리부바나차리야)란 칭호를 내렸다.

이 사원이 또다시 엘로라 카일리사 사원의 모티브가 되었으니, 예술은 또다른 예술로, 전쟁으로는 결코 이룰 수 없을 성취를 남겼다. 모든 것을 파괴하고 폐허로 만드는 정복자도 많다. 정해진 운명처럼 전쟁은 막을 수 없을지도 모른다. 하지만 적은 미워하되 예술을 부러워한다면, 그런 것이 또한 치유가 될 수 있을 듯하다.

자연에 그림을 그리다

아잔타로 가는 길엔 비루퍅샤 석굴을 닮은 엘로라 석굴이 있다. 힌두교, 불교, 자이나교를 합쳐 서른네 개의 석굴이 있다. 특히 바위를 통째로 깎아 만든 카일라사 사원은 세계 최대의 단일 석조 건축물로 꼽힌다.

15년에 걸쳐 수백 명의 조각가가 동원되어 20만 톤 이상의 돌을 파냈다. 위에서 아래로 바위를 깎아 가로 90, 세로 50여 미터의 공간을 확보한 뒤 상부로부터 세공(細工)을 해나간 것이다. 상단부터 완성해나간 이유는 높은 곳에서 바라보며 사원이 빨리 완공되길 고대하던 아내를 위한 크리슈나의 배려였다는 전설도 전해져 내려온다. 굳이 전설 때문이 아니더라도 최선의 방식일 것이다.

사원 정면은 비슈누 신, 뒤편에는 시바 신(의 조각)이 지키고 서 있다. 사당(祠堂)에 링가(남근상)를 모신 시바 신을 숭배하는 사원이지만, 비슈누도 조각되어 있는 것이다. 힌두교의 3대신 가운데 브라흐마만 없는데, 역시 이미 얻을 것을 얻은 터라 창조의 신 브라흐마는 인기가 덜하다. 지난 일은 지난 일이고 현재와 미래를 걱정한다고 할까? 창조신은 이미 창조했으니

엘로라 석굴 유적지의 카일라사 사원.

더 해줄 것이 없지만, 유지(維持)의 신 비슈누는 현생(現生)의 안위를 맡고, 파괴의 신 시바는 내생(來生)의 일을 관장하니 인기가 더 많을 수밖에 없다. 이렇듯 (모든 신이 존귀하지만) 인도는 신들도 인기 순이다.

사원 내·외부의 섬세한 조각들은 특히 돋보인다. 사원 위아래 벽을 따라 신과 여신의 조각은 물론 사자, 코끼리 등 사원을 비호하듯 다양한 동물상(動物相)들이 사방에 자리잡고 있다. 하나하나의 조각들이 스토리를 품어 관심을 가지고 볼수록 더 많이 보이는 곳이라고 한다. 누군가 이렇게 말한다.

"우리는 자연을 그리지만, 우리의 선대(先代)는 자연에 그림을 그렸소."

CHAPTER
8

물, 바람, 하늘

○ 우물로 밀당 하는 술탄과 왕비

라나 비르 싱

15세기 구자라트 지역 왕국의 군주다. 베가다의 침공 당시 전장에서 숨을 거둔다.

마흐무드 베가다

마흐무드 샤 1세라고도 불린다. 15~16세기에 걸쳐 구자라트 술탄국 중 가장 강성했던 술탄이다. 이른 나이에 왕위를 계승해 정복 전쟁에서 승승장구(乘勝長驅)하며 베가다라는 이름을 얻는다. 라나 비르 싱을 죽이고 루다바이에게 청혼한다.

루다바이

라나 비르 싱의 아내로 당대의 절세가인(絕世佳人)으로 지혜로운 왕비다. 남편의 죽음 속에서도 우물을 완성해 민생고를 해결한다.

우물의 전설

명상의 인도라고 호연지기(浩然之氣)만 한 건 아니다. 인도의 신화 전설은 좀더 실용적인 일에서 비롯되기도 한다.

척박한 땅, 물 한 모금 없는 사막, 구자라트에 가뭄과 대기근이 찾아온다. 우물을 파도 며칠 안에 말라비틀어지고, 물 한 모금 얻기 위해 백성들은 먼 길을 걸어야 했다. 아메다바드와 가깝지만 부족한 수원(水原)을 해결하기엔 거리가 있다. 사람들은 물을 갈망하고 비를 염원한다.

이곳을 다스리던 라나 비르 싱(힌두)은 민생을 중시 여기며 백성들을 위해 우물을 만들기로 한다. 문제는 지하의 수맥(水脈)을 찾는 일인데, 그 과정에서 생각해낸 방법으로 물이 나올 때까지 조금씩 계단을 만들며 땅을 파내려가기로 한다. 계단식 우물을 만들기로 한 것이다.

그런데 문제는 가뭄과 대기근만이 아니었다. 구자라트의 술탄 마흐무드 베가다가 영토 확장을 위해 아메다바드 일대를 침공한다. 마침 비르 싱에겐 루다바이(룹바)라는 왕비가 있는데, 미인일 뿐 아니라 지덕(知德)을 겸비한 것으로 널리 유명했다. 베가다는 그녀의 매력에 흠뻑 빠져 있었고, 겸사겸

사 왕비까지 차지하려 든다. 명분과 사심으로 무장한 베가다는 전투를 벌이고, 저항하던 비르 싱은 결국 전사(戰死)하고 만다. 방금 남편을 살육한 술탄은 사자(使者)를 보내 왕비에게 청혼한다. "그대의 아름다움을 익히 들어왔소. 혼인을 받아들이면 왕비에게 마땅히 어울리는 자리를 주겠소."

아름다움이 전쟁의 이유가 될 수 있을까? 불가능하진 않지만 정복의 핑계일 수 있다. 납득할 만한 타협점을 찾자면, 미인은 땅이고 그 매력은 그 땅이 가져다주는 군사·경제적 이득일 것이다. 아무튼 미녀는 괴롭다. 루다바이는 남편의 원수와 결혼해야 하는 운명에 처한다. 그녀는 한탄한다. "최소한의 예의와 배려는 없는 것일까? 막 남편을 잃고 슬퍼하는 여인에게 어찌 이리도 잔인할 수 있는 걸까? 부끄러움도 모르는 자구나!" 하지만 일단 시간을 벌어야 할 왕비는 냉정히 정신을 가다듬는다.

현명한 왕비가 가장 먼저 걱정한 건 백성들이다. 우물이 한창 건설 중이던 때 왕이 목숨을 잃었으니 난감한 일이었다. 우물 공사가 얼마나 중요한 일인지 그녀도 잘 알고 있었다. "항상 물 없는 백성들을 보고 마음 아파하셨죠? 자애로우신 그 뜻을 받들어 백성들에게 물을 나눠 주겠어요. 반드시 그 소망을 이뤄 드릴게요!" 루다바이는 비르 싱의 뜻을 이어받아 어떻게 해서든 우물을 완공하기로 다짐한다. 그가 얼마나 백성을 아꼈던가? 그것이 부왕을 추모하는 유일한 길이라고 믿는다. 왕비는 베가다의 청혼을 받아들인다. "좋습니다. 다만 우물이 완성될 때까지만 기다려 주십시오. 그리고 새로운 백성을 보살피시어 술탄께서 우물 공사를 도와주십시오."

제아무리 무례하고 염치없는 베가다도 감탄할 만한 왕비의 언행이었다. "오 루다바이여, 그대는 내 생각보다 더욱 아름다운 여인이었구려!" 물론 정복자일수록 새 땅의 백성을 보살펴야 하는 법이었다. 왕비는 술탄의 심기를 건드리지 않으면서도 어려운 조건을 내세우며 백성을 보살필 방편을 마련한다. 남편을 잃고 위기에 처했지만 현명한 행동이었다.

어떠한 지원도 아끼지 않은 술탄의 허락 아래 왕비는 우물 건설을 지속해 나가고, 마침내 우물이 완성된다. 그곳이 바로 아달라지의 계단식 우물이다. 술탄은 약속을 지켰으니 이제 혼인식을 올리자고 한다. 루다바이는 적당한 시기가 되었다고 생각한다. 이젠 안심하고 떠날 수 있다. 우물이 완성되기까지 결혼을 미루었던 그녀는 깊은 우물 속으로 몸을 던진다. 물이 귀한 곳엔 어김없이 물의 전설이 남고, 물을 담기 위한 우물은 이제 가슴 시린 사랑의 추억을 담는다. 아달라지 우물은 왕비의 무덤이기도 하다.

루다바이의 우물이라고도 불리는 이 우물은 지금까지도 건재하다(2001년에 지진이 발생한 적도 있었다). 건축물은 시대의 증인이다. 이슬람 통치기에 만들어진 힌두 양식의 우물이니 이런 우물은 어디에서도 찾아보기 어렵다. 아래는 힌두교 양식의 아름다운 문양이 새겨졌지만 계단을 오를수록 문양은 바뀐다. 상층부로 오면 이슬람 건축물이다. 다양한 건축 양식이 조화된 퓨전인데, 힌두의 직선, 이슬람의 아치가 섞이니 여러 가지 시각적 즐거움도 준다. 수원(水源)까지 약 15미터를 파내려간 곳이라 깊이는 매우 깊다. 다섯 층을 내려가야 우물에 이르는데, 그곳에 지하수를 담고 비를 저장했다. 창(窓)이 있어 환기가 원활하니 무더위에 쉴 수 있는 휴식처가 되었다.

거대 우물

계단식 우물이라면 라자스탄 주 아바네리에 위치한 찬드 바우리를 빼놓을 수 없다. 라자스탄 역시 건조하여 물이 귀하다. 9세기 니쿰브 왕조의 찬다 왕이 건설한 이 우물은 지평선까지 탁 트인 농토 한 가운데 위치해 미로처럼 얽히고설킨 3500여 개의 계단을 통해 20미터 깊이로 내려간다.

일반적인 우물은 한계가 있다. 주변 농토가 모두 이 우물에 의존해야 하지만, 강렬한 햇볕에 노출된 우물은 저장한 빗물이 증발되어 물의 수위가 점점 줄어들 우려가 있었다. 이에 자연적으로 낮은 온도를 유지할 수 있는 냉방 설계가 필요했다. 따라서 찬드 바우리는 정사각형 모양으로 깔대기처럼 우물 하부로 내려갈수록 좁아지게 만들었다. 햇볕의 유입을 줄이고 지하를 냉토(冷土)로 만들어 열을 차단하는 단열재 역할을 하게 만든 것인데, 표면보다 5~6도 낮은 온도를 유지하니 천연 냉방 설계다. 또한 귀중한 수원을 보존하기 위해 내진(耐震) 설계도 겸했다. 건설된 이후 오랜 시간이 흐르도록 찬드 바오리는 건재하다.

또한 우물의 한 면은 각종 행사장이나 공연장으로 활용될 수 있도록 만

라자스탄 아바네리의 거대 우물 찬드 바우리.

들어졌다. 계단식이라는 점을 이용해 계단참이 곧 객석이다. '찬드'는 달, '바우리'는 우물이니 말 그대로 '달의 우물'이다. 무더운 여름날 밤, 더위에 지친 주민들이 달의 우물에 모여 앉아 휴식을 취하며 때로는 공연을 즐겼던 것이다. 우물 하나를 여러 용도로 활용하니 이것이 지금으로부터 천여 년 전 라자스탄 어느 왕국의 치수법(治水法)이다.

바람 궁전

더운 지방에서는 자연 냉방을 위한 묘수도 두드러진다. 라자스탄의 주도 (州都) 자이푸르에 위치한 하와 마할이 그 진가를 드러낸다. 1799년 가츠 와하 왕조(힌두)의 사와이 프라탑 싱 왕 때 건설된 이곳은 아름다움과 실 용성을 겸비하고 있다. 하와 마할의 건설을 지시한 왕은 크리슈나를 숭배했 고, 크리슈나의 왕관을 건물 외관에 반영하도록 해 마치 병풍과 같은 특유 의 모습을 갖추게 되었다. 또한 하와 마할은 힌두 라지푸트(돔, 기둥)와 무 굴(내부 모자이크 세공)의 혼합 건축 양식을 보여준다.

이곳은 왕궁의 부속 건물로 왕족의 거주지이자 별장이었다. 건물 전면에 는 격자(格子) 세공의 정교한 문양을 넣은 수많은 발코니가 존재한다. 이 들 발코니는 모두 가로막혀 있고 밖으로는 퇴창(退窓·자로카)과 미세한 구 멍들이 나 있다. 이 창문들은 왕궁에서 살아가는 왕가(王家) 여인들이 바 깥 풍경을 내다볼 수 있는 장소이기도 했다. 당시 여인들은 뭇 남성들과 격 리되었고, 보통 남성들은 왕가의 여인들을 감히 바라볼 수 없었다. 퇴창 위 로 다단(多段)으로 이루어진 지붕들은 빗물을 막았고, 공기 필터처럼 먼지

자이푸르 핑크시티의 하와 마할(바람의 궁전).

의 유입과 열기로부터 여인들을 지켰다. 여인들은 왕궁으로부터 이어진 비밀통로로 이곳과 왕궁을 오갔고, 그들을 태운 가마가 이동하기 쉽도록 내부는 계단보다 경사로가 많다.

또한 냉방 효과를 위해 모든 벽이 돌로 만들어졌는데, 이는 현대의 인도 건축물에 고스란히 적용된다. 이곳이 붉은 사암(沙岩)과 석재를 구하기 쉽다는 점도 영향을 끼쳤다. 그 틈새엔 석회를 발라 내구성을 높였다. 건물 상부에 통풍구가 있어 뜨거운 공기는 그곳을 통해 배출되고, 시원한 공기는 건물 내부로 들어온다. 또한 벽 내부에 조그만 수로가 만들어져 외부의 열풍은 이 수로와 석재 벽을 통과하는데, 그런 사이 뜨거운 공기는 차단되어 열기를 잃고 증발되거나 차가운 공기로 대체되어 내부로 유입된다. 하와 마할이란 이름 그대로 바람의 궁전을 뜻한다. 왕궁의 후문에 해당되는데 병풍과 같은 모습이 왕궁 전체의 공기 흐름을 조절한다. 여름엔 시원하고 겨울엔 따뜻하다.

아름다운 삼각관계

물과 바람을 다룬 이야기는 하늘로 향한다. 하늘을 봐야 별을 따고 별을 보아야 시간을 헤아린다. 인도인은 일찍이 시간을 측정할 도구를 고안했다. 그들의 시간 개념은 명확하다. 그 증거가 되는 곳이 코나라크 태양사원이다.

13세기 초다강가 왕조의 왕 나르심하 데바 1세(1238-1264년 집권)는 사원 건축을 지시하고, 인부(人夫) 1200여 명이 동원되었다. 왕은 사원이 완성되기까지 아무도 집에 갈 수 없다고 천명했다. 그러나 사원의 건립은 끝 모를 지난(至難)한 과정의 연속이었고, 수많은 인부가 동원되어 12년간 작업을 거듭해도 그 끝을 보지 못했다. 특히 사원의 방점(傍點)이 될 첨탑 부분을 올리는 일이 난관이었다. 방법을 찾지 못하는 사이 인내심을 잃은 왕이 결국 진노하고 만다. "아직도 끝내지 못한단 말인가? 좋다. 완성하지 못하면 모두의 목을 베어버리리라!"

인부 중엔 비슈 마하라나라는 사람이 있었다. 그가 집을 떠날 때 아내는 임신한 상태였는데, 그가 사원의 완성과 죽음 사이에서 사투를 벌이는 사

코나라크 태양사원의 바퀴.

이 태어난 아들은 이미 열두 살의 소년이 되었다. 다르마란 이름의 그 소년은 아무리 기다려도 오지 않는 아버지를 만나기 위해 건설 현장을 찾아간다. 그리고 그곳에서 아버지의 생환을 가로막던 첨탑과 마주하는데, 그는 첨탑을 들어 올려 사원 꼭대기의 제 자리에 고정시켜 사원을 완성시킨다. 아버지와 인부들은 아슬아슬했던 목숨을 부지한 채 각자의 고향으로 돌아갈 수 있게 된다. 효심(孝心) 가득한 열두 살짜리 소년에 얽힌 전설이다.

아버지를 집으로 모셔가려던 소년에게 기발한 아이디어가 번뜩였던 걸까? 혹은 12년 만에 처음 자식을 본 인부가 부모라는 이름의 초인적인 능력을 발휘했을지도 모를 일이다. 어쨌든 아무리 해도 풀기 어렵던 문제의 해결책을 찾은 것이다. 그런데 다소 믿기지 않는 전설을 제쳐두고라도 정교한 해시계인 사원 자체의 위대함엔 단 한 토시의 허언(虛言)도 없을 것이다.

코나라크 태양 사원은 인도 오디사 주 부바네스와르에서 65킬로미터 떨어진 벵골 만 해안에 위치해 있다. '코나라크'에서 어두(語頭) '코나'는 모퉁

코나라크 태양사원.

이, '아르크'는 태양을 의미하는데, 태양신 수르야를 모시는 사원이자 천문대(天文臺)로 칼링가 건축을 대표한다. 태양의 궤도에 맞춰 건설된 이곳에서 일찍이 인도인들은 망원경 없이 별을 관측하고 연구했다.

사원의 측면은 흡사 마차와 같은 모양을 하고 있다. 태양의 신 수르야가 말 일곱 마리를 끄는 전차에 탄 것을 착안해 만들어진 것인데, 아름다운 조각으로 태양의 전차 같다고 한다. 그러나 심미안을 떠나 사원의 모든 요소는 태양의 움직임을 감안한 절묘한 설계를 보여주는데, 여기서 일곱 마리의 말은 일주일(7일)을 상징하고(일곱 가지 빛의 스펙트럼도 상징), 양 측면 12개씩 24개가 조각된 바퀴 중 반은 햇볕이 내리쬐고 나머지 반은 그늘 속에 있어 낮과 밤을 상징한다.

아침 첫 햇살이 사원을 비추면 바퀴를 비추고 그림자를 만들어 그것으로 시간을 계산할 수 있게 되어 있는데, 24개의 바퀴 중 4개가 바로 이러한 해시계 역할을 한다. 바퀴는 각각 16개의 얇고 두꺼운 바퀴살을 가지고 있는데, 8개의 두꺼운 바퀴살은 각각 세 시간을 나타내고, 그 사이의 8개의 얇은 바퀴살은 한 시간 반 단위를 표시한다. 또한 바퀴 안쪽 둘레에는 구슬 모양의 촘촘한 결이 새겨져 있어 각각 3분의 시간 간격을 나타낸다. 사원은 실로 정확한 시간 개념을 바탕으로 만들어졌음을 알 수 있다. 또한 큰 바퀴살 안의 조각들은 세 시간마다 이뤄지는 활동을 상징적으로 표현해 놓았다. 이것이 참 재미있는데, 첫 세 시간은 요가, 두 번째는 목욕, 세 번째는 사냥 그리고 네 번째는 성(性)관계를 묘사하고 있는 것이다. 이 정도면 예부터 참 부지런한 사람들이다.

사원 내부로 눈길을 돌려도 빛과 시간의 관계는 계속된다. 사원 내부에 세 개의 태양신상(太陽神像)이 세워져 있는데, 시간에 따른 조광(照光)에 따라 각기 다양하게 조각상을 비춘다. 요약하자면 첫 번째 조각상을 비추면 아침, 두 번째 조각상은 오후, 마지막 조각상을 비추면 석양이 비추는 저녁임을 알 수 있는 것이다. 괘종시계뿐 아니라 자명종도 있는 셈인데, 여기서 사람들은 태양신까지 영접하게 된다. 코나라크 태양 사원은 빛과 시간 그리고 신의 상관관계가 철저한 의도 속에 구현된 곳이다. 아마도 세상에서 가장 아름다운 삼각관계라고 해야 할 것이다.

사원 위치는 살짝 비틀어져 있다. 동쪽을 향하지만 정확히 동쪽은 아닌데, 미세하게 북동쪽을 바라보며 매일 아침 해가 뜰 때 그 빛이 음영(陰影)을 만드는 미세한 각도까지 염두(念頭)에 둔 것이다. 사원의 이름에 모퉁이란 뜻을 내포한 이유다. 얼마나 치밀한 계산으로 설계된 것인지 엿볼 수 있는 대목으로 아름다움과 실용성의 훌륭한 결합물이다.

별을 세다

신비감을 자아내는 코나라크 태양 사원이 은유(隱喩)라면, 라자스탄 주 자이푸르의 잔타르 만타르는 인도 과학의 직유(直喩)다. 지역어로 잔트라 만트라는 '얀트라'와 '만트라'에서 유래된 말로 '얀트라'는 기구, '만트라'는 공식을 의미한다. 천체의 위치를 계산하며 기구와 공식이 이용되었다는 뜻에서 비롯된 것으로 이것이 현지어인 잔트라 만트라로 바뀐 것이다. 이곳에도 전해지는 일화가 하나 있다.

무굴 제국 치세(治世)인 1688년, 쿠시바하 왕조의 비샨 싱이 득남하자 왕실의 점성가들은 장차 왕국의 명성을 드높일 비범한 아이라고 했는데, 그 예견이 틀리지 않아 왕위를 계승한 그는 18세기에 이르러 잔타르 만타르의 건설을 지시한다.

자이 싱(1688~1743년)은 과학자이자 사상가로 빼어난 자질을 지닌 인물이었다. 어릴 적부터 천문학에 관심이 많았고, 이전까지의 천체 관측 기구(器具)의 기록과 측정값이 정확하지 않다는 것을 알게 된다. 그는 계측의 정확도를 개선시키고자 했다. 외국의 과학자들을 초청하고 인력을 해외에

자이푸르의 천문대 잔타르 만타르.

파견하는 등 기술 발전에 대단한 열의를 보였는데, 이는 단순히 과학적 탐구욕이 아닌 통치의 문제였다. 천체 관측과 강우량의 측정은 농업 등 민생과 밀접한 관련이 있기 때문이다.

그는 자이푸르의 위치를 위도와 경도로 확인해 정확한 달력을 만들고자 했다. 잔트라 만트라는 각기 용도가 다른 16대의 기구들로 구성되어 있다. 그중 핵심이자 기준점이 되는 것은 관측기구로 북극성 관측기다. 북극성 관측기는 이곳에 세워진 첫 기구이기도 한데, 특정 각도와 위치에서 선명하게 관측되는 북극성을 통해 북극 방향을 확인한다. 이와 더불어 일종의 오차 수정 기구인 람 얀트라와 차크라 얀트라가 있다. 지구의 축이 기울어졌다는 것을 감안해 측정의 오차를 줄이고 기록을 정확하게 만드는 역할을 한다. 나머지 기구들은 이들을 기준으로 제작되었다. 그밖에 왕의 이름을 딴 자이 프라카시 얀트라는 행성의 배치를 해독하고 힌두력(인도의 날짜체계) 별자리와 길일(吉日)을 계산했다. 이것과 또 다른 기구인 라즈 얀트라와 연동(連動)해 출생 천궁도(天宮圖)를 만들었다. 라즈 얀트라는 이름 그대로 관측기의 왕으로 200킬로그램의 금속 원반으로 태양과 행성의 위치, 자전, 공전을 측정할 수 있었다.

이곳에는 세계 최대의 해시계도 위치해 있다. 태양의 움직임에 따라 시간을 알려주는 것은 다른 해시계들과 동일하지만, 이에 더해 자이 싱은 태양이 멀리 있으므로 해시계가 가능한 커야 정확성을 유지할 수 있다는 구상에 이르렀다. 그 결과 세상에 존재해온 다른 해시계들은 25~50초 단위로 시간을 알려준 반면, 브리하트 삼라트 얀트라라는 이름의 이 해시계는 2초 단위로 정확한 시간을 알려준다. 크기가 크다 보니 금속이 아닌 벽돌과 석회 및 대리석으로 만들었는데, 형태는 두 개의 대리석 아치 사이에 큰 경사로를 설치한 모양새다. 태양에 비친 이 경사로의 그림자가 대리석 판에 떨어져 시간이 표시된다.

획기적인 기술의 발전은 해외의 과학 기술과 접목하는 데서 비롯되었다. 해외로 파견된 과학자들이 프톨레마이오스(83~168년경)의 연구 결과를 가져왔고, 지구가 우주의 중심에 있다고 주장한 천동설(天動說)에 영향을 받았다. 자이 싱은 주변 도시인 델리, 우자인, 바라나시, 마투라에도 네 개의 관측소를 설치했는데, 당시 무굴 제국의 황제 아우랑제브는 그의 명석함에 감명을 받아 '사바이'란 칭호를 주었다. '사바이'란 우월한 사람을 뜻한다.

잔타르 만타르는 당대의 산업 인프라로 그 오랜 관측 장비가 300여 년이 지난 지금도 활용된다. 매해 6~7월 보름달이 뜨는 날, 풍속과 풍향을 확인하는 데 이용하는 것이다. 바로 인도에서 가장 중요한 강우량 예측에 도움이 되기 때문이다. 이곳에 깃발을 꽂고, 깃발이 서쪽에서 동쪽으로 펄럭이면 강우량이 많고, 동쪽에서 서쪽으로 펄럭이면 강우량이 적다고 한다.

CHAPTER
9

지금은 술탄 시대

◯ 사랑을 위해 강(江)을 옮긴 술탄, 비극을 피하진 못하다

바즈 바하두르
16세기 말와 왕조의 마지막 술탄이다. 음악과 예술, 사냥을 좋아한 인물이다. 1561년, 아담 칸이 이끄는 아크바르의 군대와 맞선 사랑푸르 전투에서 패배한다. 칸데시로 도망친 이후 주변국들과 연합해 잠시 말와를 수복하지만 이듬해 아크바르의 군대가 재(再) 침공할 당시 전투에서 패하며 사망한다.

룹마티
환상의 목소리를 보유한 노래꾼으로 바즈 바하두르의 눈에 들어 왕비가 되지만, 아담 칸의 정복으로 포로가 되고, 결국 자결을 택한다.

아담 칸
무굴 제국의 장군으로 아크바르의 명에 따라 사령관을 맡아 말와를 정복한다. 무자비한 인물로 죄수와 그의 가족들까지 학살하는 만행을 저지른다. 말와를 정복한 뒤 오만하게 행동하다가 아크바르에 의해 소환된다. 아크바르의 양어머니 마함 아나가의 아들(젖 형제)로 독자적인 세(勢)를 불려 독립할 기미를 보이자 이를 견제하던 아크바르가 해임한 것이다. 이에 아담 칸이 거세게 반항하자 아크바르는 그를 성(城)의 난간에서 밖으로 떠밀어 버린다.

◯ 무굴 제국

중앙아시아의 투르크 몽골 차가타이 계통의 이슬람 왕조다. 1526년 시조(始祖) 바베르가 세웠고, 2대 후마윤 이후 페르시아 및 인도의 힌두 라지푸트 등과 혈연관계를 맺으며 인종적으로 동화되었으며 인도–페르시안 문화적 성향을 띄었다. 아그라, 카불, 라호르, 델리 등을 수도로 삼았고, 바베르가 기반을 닦은 뒤 후마윤 대(代)에 잠시 수세에 몰렸다가 수성(守成)에 성공한 뒤 아크바르 시대부터 전성기를 구가해 최전성기에는 인도 대륙과 아프가니스탄 일부까지 치세(治世)를 넓혔다. 18~19세기 식민지 시대에 이르며 점차 쇠퇴한다.

무굴 황제 계보
바베르(1526~1530) – 후마윤(1530~1539, 1555~1556) – 아크바르(1556~1605) – 자항기르(1605~1628) – 샤자한(1628~1658) – 아우랑제브(1658~1707)

애수(愛水)의 노래

마디아프라데시 주 인도르에서 약 백여 킬로미터 떨어진 곳에 만두(만다브)라는 도시가 있다. 바야흐로 술탄의 전성시대, 이곳에도 흥미로운 이야기가 펼쳐진다.

어느 날, 나르마다 강기슭으로 사냥 나간 젊은 술탄은 숲을 울리는 아름다운 노랫소리에 귀 기울인다. "저 천상(天上)의 목소리는 누구의 것일까? 아침 이슬 소리, 새들의 청아한 지저귐, 아니면 혹 여신의 노래 소리?" 마음을 포획당한 술탄의 발걸음은 소리의 덫으로 향하고, 절로 이끌린 그 길의 끝엔 비나[1]를 켜며 노래 부르는 한 여인이 앉아 있다.

여인의 아름다움에 말문이 막힌 그는 첫 눈에 사랑에 빠진다. 사냥은 물 건너갔다 예술에 조예 깊었던 술탄은 단지 외면의 아름다움이 아닌 음악에 매료된 것이기도 했다. 그녀는 시인(詩人)이기도 했다. 그 노랫말이란 시나 다름없었다. 그는 마땅한 예법조차 잊은 채 곧장 여인에게 다가간다. 처

---

1. 인도의 민속 악기로 일곱 줄의 현악기이며 소리는 비파와 유사하다.

함께 사냥하는 바즈 바하두르와 룹마티.

음 본 남자의 접근에 놀란 듯 여인은 잠시 몸을 움츠린다.

"누구시죠?"

"사냥을 하며 지나던 길이오. 당신의 노래 소리를 듣고 찾아왔습니다. 그 소리에 사냥감을 모두 놓치고 말았지요. 그대는 누구시오? 어찌하여 온 숲 속을 애타게 만드는 것이오?"

경계를 하면서도 남자의 옷차림과 말투에서 범상치 않은 분위기를 느낀 여인은 예를 갖춰 답한다. 귀한 신분임에 틀림없었다.

"그저 평범한 노래꾼입니다. 귀인께서는 누구시기에 이리 쉽게 아녀자와 말을 섞으십니까?"

예상치 못한 여인의 따끔한 핀잔에 술탄의 입가엔 미소가 번진다. 장난기가 발동한 술탄은 계속 신분을 숨기며 적당히 둘러댄다.

"내 그만 잠시 분별력을 잃고 결례를 범하고 말았소. 그런데 이런 숲 속에서 누가 듣는다고 홀로 노래하는 것이오?"

"어디 장소가 중요하겠습니까? 이곳 말와의 술탄께선 본디 예술을 아끼시고 음악을 사랑하십니다."

술탄은 그 대답에 흥미가 더한다.

"대체 어떤 작자가 술탄이기에 나랏일은 뒷전, 전쟁보다 유희를 즐긴단 말이오? 일국의 왕이 비겁한 겁쟁이처럼 그래야 쓰겠소?"

"예술은 절대 비겁한 일이 아닙니다. 그 분은 절대 겁쟁이가 아닙니다."

술탄은 선수다. 원하는 답을 얻은 그는 회심의 미소를 지으며 말한다.

"그대가 나를 그리 생각해주니 참 좋구려."

설마… 놀란 여인은 어리둥절한 표정으로 술탄을 바라보다가 황급히 고개를 떨군다. 말와의 술탄 바즈 바하두르(1555~1562년 통치)가 눈앞에 있는 것이다.

"그렇소. 내가 바로 바즈 바하두르요. 그대 이름은 무엇이오?"

"저는 룹마티라고 합니다."

술탄은 여인의 마음에 곧장 다가선다.

"당신이 이 겁쟁이의 마음을 빼앗았으니 이 왕국, 원하는 모든 걸 다 드리리다. 내 사람이 되어 주시오. 나와 함께 갑시다."

술탄의 언변과 달콤한 목소리에 룹마티 역시 매료되었다고 한다. 이렇게 암수 한 쌍 또 눈이 맞는다. 하지만 백마 탄 술탄이라도 '투 머치' 부담스런 프러포즈였던지, 기세는 좋아도 구애(求愛)는 성급했다.

마음은 굴뚝같아도 일엔 순서가 있다. 룹마티는 고개를 저으며 완곡히 거절한다.

"술탄이시여, 전 그럴 수 없답니다. 제 어머니는 나르마다 강(江)입니다.

강의 여신이 절 세상에 낳았고, 전 어머니를 섬겨야 하니 나르마다를 두고 떠날 수 없습니다. 매일 나르마다를 보지 못하면 물을 마시거나 음식을 먹지 못합니다. 이 강이 움직이지 않는 한, 전 당신의 왕비가 될 수 없습니다."

술탄은 안타까움에 탄식한다. "그대는 신(神)의 여인이구나!"

그제야 아름다운 목소리의 근원을 이해한다. 룹마티는 나르마다 강을 섬기는 추종자였다. 하루하루 살아갈 양식을 얻는 강이란 그녀에게 삶의 젖줄이자 어머니와 같았다. 그러니 강에서 멀어지기 싫고, 항상 시야에 들어와야 안심이 되었다. 그것은 그녀가 '강의 신(神)'과 맺은 신성한 약조(約條)였다. 아무리 술탄이라도 쉽사리 깰 수 없다.

하지만 바즈 바하두르는 포기하지 않는다. 사랑 앞엔 그 어떤 것도 제약이 될 수는 없다. 그는 이후 끈질긴 구애를 계속했다. 그리고 강의 신을 향해 간절히 소원한다. 강이 움직이기를, 그래서 자신과 이 여인이 맺어지도록… 고민을 거듭한 그는 룹마티에게 약속한다.

"당신을 위해서라면 설령 강이라도 움직이겠소. 강물의 방향을 바꿔서라도 당신 곁으로 옮겨 놓겠소. 약속하겠소. 왕비가 되어주시오!"

혼인의 조건으로 룹마티는 나르마다 강을 요구했고, 바즈 바하두르는 그 요구를 들어주기로 한다.

물론 말와의 수도 만두의 왕궁은 강으로부터 수십 킬로미터가 떨어진 거리에 있었다. 하늘의 별을 딸 수 없듯 현실적으로는 실현 불가능한 요구였다. 정말로 강을 옮겨 놓을 순 없는 일이다. 그러나 술탄도 믿는 구석이 있었다. 그는 룹마티가 신성한 약조를 어기지 않고 믿음을 저버리지도 않았다는 근거를 만들어주기로 했다. 왕궁에서 강을 향한 높은 곳에 왕비의 거처를 만들어 별궁으로 삼았고, 멀리 강줄기를 볼 수 있도록 망루(望樓)를 지어주었다. 멀지만 낮에는 얇은 강줄기를 볼 수 있었다. 또한 밤에는 강을 따라 횃불을 놓아 그 흐름이 보이도록 했다. 그뿐만 아니라 강물의 지하수가 흘러들 만한 곳엔 땅을 파 연못을 만들었다.

"저를 위해 강을 옮기셨군요."

술탄의 정성은 룸마티를 움직였다. 어떤 일은 때론 납득만 할 수 있다면 그걸로 충분하다. 술탄의 꿈은 그렇게 이루어지고 천상의 목소리를 품은 가수는 라니(왕비) 룸마티가 되어 술탄의 영원한 사랑으로 남는다.

하지만 역사의 승자란 사랑의 승리와 무관했다. 바즈 바하두르가 룸마티의 사랑을 얻는 데 열중하는 사이 대륙의 다른 한편에선 전쟁 준비가 한창이었다. 유희보다는 선대(先代)의 꿈을 이어 대륙을 통일하겠다는 원대한 야망을 품은 인물이 있었는데, 그는 바로 무굴제국의 황제 아크바르(1542~1605년)였다. 말와를 노린 그는 아담 칸을 수장(首長)으로 대군을 파병했다.

"일국의 왕이 방탕하여 노래꾼에 취하고 정사(政事)엔 무관심하니 백성들이 고달픈지고, 내 이를 엄벌해 말와를 취할 것이니라!"

아크바르의 군대는 말와의 수도 만두로 진격해 온다. 일국의 왕이 유희에 빠져 시국을 등한시한다고? 바즈 바하두르는 한때 농담으로 던진 자신의 말이 부메랑처럼 돌아와 풍전등화의 현실로 다가오는 것을 바라봐야 했다. 전쟁의 그림자가 드리우고 있다. 그러나 그는 여전히 당당했다. 유희의 왕이라고 나약하지만은 않았다.

"누구도 아직 만두의 요새를 뚫은 자는 없다!"

하지만 막상 대군이 코앞에 닥치자 그것이 얼마나 허황된 자만이었는지 깨닫는다. 아름다운 갑옷으로 치장한 술탄은 자신의 최후를 직감한다.

사랑은 비극이어라

　역사의 또 다른 설화에선 아크바르도 룹마티의 아름다운 재능을 알게 되었다고 이야기한다. 여색(女色)을 밝힌 그는 5000명의 아내를 두었고, 세상의 모든 아름다움을 정복의 전리품으로 원했다. 어쩌면 무굴 제국과 아크바르로 인도 역사의 중심이 이슬람에 치우치니 문득 심술도 느껴지는 인물평이다. 어쩌면 영토 확장을 위한 정복이 한 편의 비극으로 둔갑되었을 수 있다. 어쨌든 아크바르가 만두와 룹마티 중 무엇을 노린 것인지는 명확히 입증할 길 없다. 분명한 사실은 그가 만두를 호심탐탐 노려왔고, 말와의 합병을 원했다는 점이다.

　아크바르는 사절을 보내 룹마티의 노래를 직접 들어보고 싶다며 바즈 바하두르에게 충성 맹세를 요구했고, 바즈 바하두르는 당연히 그 요청을 거절했다. 둘의 열렬한 사랑을 알았으니 이 또한 계략이고 고도의 심리전이었다. 아크바르는 만두에 첩자를 보내 내부 동향을 파악하고 그 약점을 파고든 것이다. 거절할 경우 그것을 거병(擧兵)의 명분으로 삼아 필요한 영토를 취할 생각이었다.

비극적인 죽음을 맞이하는 룹마티.

바즈 바하두르는 여전히 실감하지 못한 듯 룹마티에게 말한다.

"내 꼭 살아 돌아오리다."

"기다릴게요."

그러나 예견된 비극에 반전(反轉)은 없었다. 바즈 바하두르는 용감히 싸웠으나 그의 운명은 맹렬히 꺼져갔다. 수적으로 아크바르의 대군을 도저히 이겨낼 수 없었다. 전해지길, 나르마다 강변의 사랑푸르 전투(1561년)에서 패하자 그는 룹마티마저 버려둔 채 홀로 칸데시로 도망쳤다고도 한다. 어쨌든 예술을 사랑한 술탄에 대한 마지막 경의(敬意)로 덧붙이면, 그는 이듬해 아크바르 군과의 전투에서 결국 전사(1562년)했다고 한다.

한편 아크바르는 아담 칸에게 말아이 술탄과 왕비를 생포하라고 명령했다. 그런데 일은 예상 밖의 방향으로 전개된다. 아담 칸마저 룹마티에게 반해버린 것이다. 왕궁을 접수한 아담 칸은 룹마티를 겁박한다. "내 요구를 받아들여라. 네가 사랑하는 자는 이미 널 버리고 도망갔다. 그대가 내 사랑을 받아들이면 말와는 살아남을 수 있을 것이다."

"사랑을 협박으로 아시는군요. 그것이 무굴의 방식입니까?" 룹마티가 들은 생애 두 번째 프러포즈는 감미롭지 않았다. 아담 칸에게 예술혼 따위는 없었다. 그가 원한 건 룹마티의 정신이 아닌 육체였고, 마치 전리품을 취하려는 약탈자의 탐욕과 같았다. 음식이 끊겼고 사람들이 죽어나갔다. 룹마티는 왕을 잃은 백성들을 위해 무언가 해야만 했다. 선택지가 없었다. 님은 이미 떠났다. 애절한 눈물을 흐르며 그녀는 아담 칸에게 제안을 받아들이겠다는 서신을 보낸다. 단, 사흘의 애도 시간을 달라고 한다. "물과 음식을 사람들에게 나누어 주세요. 그리고 사흘이 지나면 당신 뜻대로 하세요. 사흘 후에 전 당신 것입니다."

사흘이 지나도 연락이 없자 조바심이 난 아담 칸은 약속한 권리를 이행하고자 그녀를 찾아간다. 그러나 그는 이제 영원히 취할 수 없을 여인과 마주한다. 사람들을 살린 라니 룹마티는 이미 음독자살한 뒤다. 역사는 승자에 의해 쓰일지라도 그녀에게만큼은 패자였다. 아담 칸은 남의 아내를 탐한 자로 기억된다. 소식을 전해들은 아크바르는 물의를 일으킨 아담 칸을 파면한다(물론 정치적 의도도 다분한 조치였다). 또한 이후 바즈 바하두르와 룹마티의 사랑을 기리며 둘을 나르마다 강변에 함께 묻도록 한다. "말와는 그들을 영원히 기억하리라."

물의 의미

사랑은 노래로 남아 강 위에 흐른다. 술탄은 패하고, 왕비는 스스로 목숨을 버렸으니, 전쟁 같은 사랑의 노래는 어쩌면 A면과 B면으로 나눠 불려야 마땅할지 모르겠다. 그만큼 다양한 버전의 이야기로 전해지고, 아직도 만두 지역에서는 그 이야기를 노래로 만들어 애수(哀愁) 가득 강물 위에 띄워 보내는 이들이 있다. 그리하여 피로 점철된 정복의 역사에 따스한 온기가 스민다. 아직도 나르마다 강가엔 룹마티의 영혼이 노래하고 있을 것만 같다.

룹마티의 출신에 대해선 이견(異見)이 많다. 어떤 이들은 만두의 작은 마을 다르마푸리에서 태어났다고 하고, 어떤 이들은 사랑푸르에서 태어났다고 한다. 누군가는 브라만의 딸이라고 했다가 또 누군가는 라지푸트(힌두)의 딸이라고도 주장한다. 출신에 대한 화중은 어디에도 없으니 실존하지 않는 인물이라고 믿기도 한다. 그렇다면 강에 대한 믿음, 물에 대한 숭배가 술탄과 한 여인의 사랑 이야기에 투영되었을 수도 있다. 어쩌면 룹마티의 노래 소리는 강물이 흐르는 소리다. 아름다운 전설의 몫은 모두가 나누고 싶고, 원하는 만큼 가질 수 있다.

그래서 현실 이야기도 덧붙여야 할 것이다. 참으로 가슴 찌릿한 사랑 이야기지만, 만두에 관한 이야기에 사랑이 없다고 앙꼬 없는 찐빵인 것만은 아니다. 전쟁과 사랑 이외에도 강(江)과 신(神)의 이야기가 가미되었다. 이야기에 강이 나오고 신이 등장하니 곧 이 일대는 물이 매우 귀함을 뜻한다.

전략적 요충지 치토르가르를 둘러싼 힌두의 영광과 비극을 이야기한 적 있지만, 나르마다 강과 인도르 사이에 위치한 만두 역시 그런 곳이었다. 서기 550년 요새화 된 곳으로 파르마르 왕조(800~1327년), 술탄 왕조(아프가니스탄 왕조, 1206~1596년), 무굴 제국(1526~1707년)에 이르기까지 많은 통치자들이 거쳐 간 수도이기도 했다. 지정학적으로 안전한 위치에 방어가 용이한 요충지였던 반면, 이곳에는 한 가지 중요한 문제가 있었다. 바로 물이 부족했던 것이다.

그렇기 때문에 물을 저장하고 활용하는 것이 매우 중요했다. 일종의 계획도시처럼 일찌감치 기발한 치수(治水) 시스템이 활용된 곳이다. 일대에는 700여 개의 물탱크와 우물, 연못 등이 만들어져 수시로 빗물을 저장하고 물을 보존했다. 저장소는 지상과 지하로 나뉘고 물이 수맥에 따라 자연스럽게 흘러 오르내려가며 서로 연결된 지상과 지하의 탱크로 모이게 되어 있다.

이곳의 왕궁들은 볼 만하다. 예술가와 미인들이 한데 모였던 하렘으로 후대의 많은 이들이 찬미해온 곳이지만, 단순히 주거와 유흥의 공간으로 주목할 것은 아니다. 적절히 물을 보존하고 활용해 아름다움과 더불어 실용성을 겸비하도록 설계된 건축물들이다. 우기(雨期)에는 궁정 주위가 섬처럼 물에 잠기고, 건물의 지붕, 우물이나 연못, 분수 등 어디에도 고이지 않고 흘러갈 수 있는 구조로, 물은 흐르는 사이 자연 정수(淨水)되어 깨끗한 물만 모이고, 건물 안을 흐르며 냉온방의 역할도 했다. 식지 않은 물은 좀 더 가열시켜 온수로도 사용했는데, 15세기 식 증기 사우나였다. 궁정 건물뿐 아니라 외곽에도 우물이 설치되었는데, 천정을 덮어 물을 깨끗하게 유지하며 식수로 이용하거나 계단식 우물로 만들어 일반 백성들이 사용하게 했다.

물의 중요성은 예나 지금이나 변함없다. 강물은 신성하고 비는 신(神)의 의지로 본다. 그 위로 사랑의 일화가 채색된다. 그러고 보니 시대적 간극을 둔 치토르가르, 아메다바드 만두의 이야기 모두 유사한 정조(情操)가 흐른다. 시대, 인물, 대결 구도(힌두 대 이슬람, 이슬람 간의 세력 다툼)를 떠나 사랑, 패배, 자결이라는 비극의 패턴이 반복된다. 그리고 그 이야기의 중심엔 항상 술탄이 있다.

무희(舞姬)의 속삭임

"오! 저의 사랑하는 님이여, 제가 죽으면 꼭 당신 곁에 묻어 주세요."

무희(舞姬)가 술탄에게 속삭인다. 절절한 사랑 속에 현실과 꿈을 부유(浮遊)하는 듯 두 사람의 은밀한 속삭임은 골 굼바스의 긴 회랑(回廊)을 따라 울려 퍼진다. 신은 그 사랑을 허락한 대신 사별의 아픔까지 남겼다. 지나간 말이 현실이 되듯, 무희는 술탄보다 짧은 생을 마감하고 만다. 술탄이 마지막으로 해줄 수 있는 일은 그녀의 소원, 그 속삭임을 들어주는 것이다. 자신의 묫자리 곁에 그녀를 눕힌다.

람바바티는 17세기 비자푸르의 술탄 아딜 샤(1627~1656년 통치)의 애첩이었다. 전해지는 바에 따르면 그녀는 보잘 것 없는 빈민 출신이었는데, 무희로 발탁되어 입궁(入宮)할 수 있었다. 당시 술탄이 궁녀와 유희를 즐기는 건 흔한 일이었다. 하지만 순간의 유희일 뿐 사랑은 아니었다. 신분의 존귀를 따지던 시절, 아무리 뛰어나도 무희는 무희일 뿐이었다. 그런 무희가 술탄의 마음속에 불을 지피고 꽃을 피웠으니 라밤바라도 춘 모양이다.

술탄과 무희의 무덤, 골 굼바스.

"어디 한 번 보자꾸나. 지나가는 한 세상 오늘도 조금 아름다워야 하지 않겠느냐?"

술탄 아딜 샤는 본디 예술을 사랑하고 가무를 즐기는 인물이었다. 이런 인물은 지나친 유희로 몰락하거나, (정복이 아닌) 연애나 예술사에서 두각을 나타내기 마련이다. 그런 예술혼을 지닌 인물인데 반해 정실(正室)의 왕비들은 취향과 성격이 달랐다. 그래서 그 해갈이 필요할 때면 람바바티를 곁에 둔 것인데, 그녀는 춤과 노래 실력뿐 아니라 빼어난 미모의 소유자이기도 했다.

또한 그런 예술을 사랑한 권력자가 뮤즈를 품으면 희대의 걸작을 세상에 내놓는다. 아마도 그 한 가지는 아름다운 건축물일 수 있다. 골 굼바스가 바로 람바바티에게 영감을 받은 건축물이다. 그녀의 지분이 있으니 과연 못 자리를 요구할 자격이 있다. 그리하여 술탄은 무희와 나란히 묻혀 진실한 사랑을 증명했다. 그리고 무덤에서의 시간은 영원할 것이기에 람바바티도 마침내 신분의 제약 없는 영원한 사랑을 이루었다.

골 굼바스는 단실(單室)로는 세계에서 손꼽히는 규모의 건축물[2]이다. 360년 전의 건축 기술임에도 기둥 하나 없이 27미터 높이에 여덟 개의 아치만을 세우고 그 위에 거대한 돔을 올렸다. 그 특수한 구조로 인해 상부에 위치한 회랑(지름 38미터)에 이르면 독특한 음향 효과를 경험하게 되는데, 작은 속삭임도 메아리가 되어 울려 퍼진다. 그 소리는 회랑 밖으로는 새어 나가지 않기에 이 널찍하고도 내밀한 공간을 일컬어 '속삭임의 회랑'이라고 부른다. 아마도 왕과 무희가 나눈 사랑의 속삭임도 여전히 그 언저리에 머물고 있을지 모른다.

---

2. 술탄 모하메드 아딜 샤 2세는 일찍이 자신의 아버지보다 위대한 무덤을 꿈꾸며 골 굼바스의 건축을 계획해 1656년 지어졌다. 돔의 크기는 세계에서 두 번째로 크다.

소리의 성(城)을 지어

호전적인 한편 낭만적인 술탄 시대, 술탄, 사랑, 예술의 이야기는 계속된다.

하이데라바드 일대의 술탄국 가운데 꾸뜨브 샤히 왕조(1515~1687년)가 있었다. 그곳의 술탄 쿨리 꾸뜨브 샤히가 무희 바그마티와 사랑에 빠지는데, 그녀를 왕비로 맞이하며 하이데르 마할이라고 칭했다. 그것이 남인도 텔랑가나 주와 안드라프라데시 주의 공동 주도(州都) 하이데라바드의 유래다. 술탄은 사랑꾼만이 아니었다. 근사한 성곽을 후대에 남기는데, 그곳이 '소리의 요새' 골콘다.

골콘다는 하이데라바드에서 서쪽(11킬로미터)에 위치한 요새다. 당시 왕조의 수도였던 이곳은 다이아몬드 시장의 중심지로 부상하고 있었다. 그런 까닭에 대대로 요새화되어 오다가 쿨리 꾸뜨브 샤히 왕조에 이르러 난공불락의 요새로 탈바꿈한다. 요새는 하나의 성채(城砦)로 이뤄진 것이 아니라 도시 전체를 감싼다.

규모보다 더 돋보이는 건 소리다. 하지만 이번엔 무희의 속삭임이 아니다. 음향 효과 즉 메아리를 이용해 경보 시스템으로 활용했다는 것이 특징이다. 소리가 그 진동으로 울리기 쉽도록 건물 내부의 돔은 다이아몬드 모양의 높은 천정과 아치로 디자인 되었고, 박수를 치면 마치 북 소리나 봉화(烽火)처럼 여러 가지 신호를 만들어 소통할 수 있었다.

그 유효 거리가 1킬로미터에 달하는데, 요새 내부의 건물 벽을 (거울 반사의 원리와 유사하게) 절묘하게 위치시켜 소리가 일정한 시간을 두고 효과적으로 전달될 수 있도록 했다. 소리의 반사를 활용한 것이고, 이는 외부의 침입뿐 아니라 내부 경호에도 적절히 활용되었다.

하지만 난공불락의 요새로 독립을 유지하던 술탄국의 운명은 의외로 허무하게 끝난다. 무굴제국의 최(最) 절정기, 아우랑제브 황제(1618~1707년)가 이곳을 포위 공격(1687년)하자 함락되고 만다. 이때 아우랑제브는 완력이 아닌 계책을 썼는데, 문지기를 매수해 쉽사리 요새의 방어선을 돌파했던 것이다. 적은 내부에 있다고 하던가? 소리의 요새는 '들리지 않는 소리'의 반역자에 의해 무너진다.

그러고 보면 예술과 여인에 대한 사랑은 술탄의 전매특허인 듯하다. 호전적인 이슬람은 또 낭만적이다. 전쟁과 사랑을 오가며 전장(戰場)의 피처럼 예술의 피도 끓어오른다. 그 열정의 산물이 인도 도처에 남아 있다. 춤추고 노래하며 미를 흠모하고 예술적 성취를 이루는 건 그럴 만한 호시절인 까닭도 있다. 다만 좋은 세월은 영원하지 않다. 휘파람 불고 풍월을 읊은 낮 뒤엔 어두운 밤이 찾아오고, 양지 밖엔 그늘이 드리운다. 역병(疫病)이 창궐했다는 소식이 요새에 울려 퍼진다.

역병(疫病)의 거탑

전염병이 창궐하자 무수한 백성들이 죽어나간다. 왕은 무력하다. 갖은 수를 다 써보았지만 속수무책이다. 이제 남은 건 하나, 간절한 마음으로 신께 기도한다. "신이시여, 부디 저희를 보살펴 주소서!" 그는 덧붙여 맹세한다. "만약 전염병이 물러가게 해주신다면 이곳에 사원을 세우겠습니다."

신은 그 간절한 청을 들어준다. 전염병이 잦아들자 왕은 그곳에 대도시를 건설하며 맹세한 대로 그 한가운데 사원을 세운다. 이것이 지금의 하이데라바드와 짜르미나르에 관한 전설이다. 그러나 실제 짜르미나르는 사원이 아닌 기념탑이다. 내부에 기도실로 쓰던 공간이 있긴 하지만 작아서 전설이 수태(受胎)한 사원이라고 보기엔 어렵다.

그보다 이곳은 이슬람 기념탑이다. 남인도 텔랑가나 주 하이데라바드의 짜르미나르는 멀리 '소리의 요새' 골콘다로부터 하이데라바드까지 이어지는 길목에 위치하고 있는데, 하이데라바드 시가 건설될 때부터 도시의 관문으로 자리잡은 것이다. 역사적으로 1591년 꾸뚜브 샤히 왕조의 무하마드 쿨리 꾸뚜브 샤히(1565~1612년)가 이슬람의 두 번째 천 년을 기념해 의식과 행사를 감독하려는 목적으로 축조했다고 한다. 주요 도로의 교차점으로 이곳을 중심으로 도시는 사방으로 연결된다.

짜르미나르는 그 이름[3]과 형상 그대로 네 개의 탑이다. 정사각형의 입구로 그 네 귀퉁이에 첨탑이 선 모습인데, 각 변 모두 20미터의 네모난 모양에 네 방향으로 네 개의 입구가 나 있으며 네 개의 첨탑(높이 56미터)이 세워져 있다. 심지어 한 면, 하나의 입구 양쪽으로 각각 네 개의 작은 창이 나 있어 전체적으로 모두 네 개로 통일되어 있다는 점이 특징이니 그야말로 4분할의 미학(美學)이다.

전설, 역사적 상징성과 더불어 언급되는 건 탑의 견고함이다. 화강암과 석회 반죽으로 지어졌는데, 내구성의 핵심은 연결 재료로 쓰인 석회다. 석회는 이 시기 남인도에서 처음 쓰였다. 석회 반죽으로 각 구조의 연결부에 틈이 보이지 않게 되었고, 필요에 따라 여러 가지 혼합 재료(모래, 고무, 식물 등 천연 재료)를 응용해 남인도의 덥고 습한 기후로부터 건물의 손상을 막았다. 두꺼운 외벽에 난 여러 개의 창은 채광 효과가 있고, 별도의 통풍구는 공기의 순환을 자유롭게 한다. 아그라의 타지마할보다도 반세기 가량 앞선 이슬람 건축물로 1705년 첨탑 하나가 벼락을 맞고 복원된 걸 제외하면 지금껏 건재하다.

---

3. '짜르'는 네 개, '미나르'는 첨탑을 뜻한다.

흔들리는 고독의 탑

이슬람의 탑은 흔히 영광의 순간을 표현하지만, 영광의 탑은 때로 고독의 그림자를 드리운다. 아버지가 삼촌에게 독살당하고 19세에 왕위에 오른 구자라트 무자파리드 왕조의 술탄 아흐메드 샤(1389~1442년)는 사망할 때까지 31년간 재임하며 구자라트의 대표적인 도시를 건설한다. 17세기 인도 최대의 도시 가운데 하나로 떠오르는 아메다바드다. 도시의 이름은 곧 그의 이름에서 비롯되었다.

아흐메드 샤는 왕위를 계승한 1411년부터 이곳을 수도로 정한다. 아메다바드를 건설하며 도시에 자신의 이름을 각인한 그는 각각의 핫플레이스에 측근의 이름을 붙였다. 아메다바드 역 남쪽 철로 가의 시디 바시르 사원이 바로 그런 예로, 자신의 노예였던 시디 바시르의 이름을 고스란히 따온 곳이다. 신성한 사원에 노예의 이름을 붙인 것인데, 그만큼 심복이었던 것이다. 다만 가족 형제도 아닌 오직 지근거리에 있는 사람에게만 신임을 줄 수 있었던 술탄의 고독이 은근하게 느껴진다.

1452년 완공된 이곳은 이제 문과 첨탑(尖塔)만 남아 있다. 본당은 세파

노예의 이름을 딴 시디 바시르 사원.

를 견디지 못해 마라타 동맹(힌두)과 구자라트 술탄국의 전쟁(1753년) 때 파괴되었다. 높이 21미터의 도시 최고(最高)탑인 줄타 미나르도 사라질 뻔 했는데, 일설에 의하면 식민지 시대 한 영국인이 허물려고 했던 것이다. 그 러나 여기엔 다소 오해가 있다. 실은 탑의 비밀을 캐기 위한 실험을 진행했 던 것으로, 근현대 건축 기술로도 풀리지 않은 미스터리가 있는 것이다.

줄타 미나르는 흔들린다. 아주 미세한 충격을 주어도 진동을 일으키며 자연스럽게 흔들리는데, 동서 방향으로 일정하게 흔들린다. 첨탑 하나가 흔들리면 다른 하나도 흔들리는데, 낡거나 결함이 있어서는 아니다. 휘지 않는 딱딱한 사암을 쌓고, 연결부는 천연 재료를 썼는데, 철제 건축물 이 상의 유연성을 가지고 있다. 이것을 19세기 한 영국인 학자가 재차 주목한

무굴 제국의 발전

16세기 중반

바베르 1526~1530
후마윤 1530~1540 / 1555~1556

17세기

아크바르 1556~1605
자항기르 1605~1628
샤 자 한 1628~1658

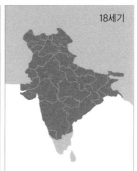

18세기

아우랑제브 1658~1707

것이다.

공교롭게도 구자라트는 지진 지대로 중세의 내진(耐震) 설계로 추측된다. 진동에 탑이 흔들리며 지진에도 무너지지 않게 한 것이다. 그 증거로 탑은 지금도 건재하고 주변에 기차만 지나가도 흔들린다. 그 원리를 두고 여러 가지 설이 있을 뿐 아직 정확히 밝혀진 바는 없다. 유사한 첨탑으로는 같은 도시이 라즈 비비, 이란의 모나르 조반이 있다.

무굴 삼대(三代)

16세기부터 인도의 주인은 무굴제국이었다. 시조 바베르(1483~1530년)와 그 아들 후마윤(1508~1556년)이 초석을 다지고, 삼대째인 아크바르(1542~1605년)에 이르러 제국의 용모를 갖추었다. 삼대가 이어 이룩한 제국이니 정복의 장인(匠人) 정신마저 느껴진다.

하지만 후마윤 집권기까지만 해도 무굴의 입지도 불안했다. 티무르의 후예이자 터키의 족장인 바베르(혹은 바부르)는 원대한 야망을 가지고 인도로 진출하지만 47세의 다소 이른 나이에 병사(病死)하고 만다. 그가 총애하던 아들 후마윤이 권력을 이어받지만, 아비의 한을 풀어보기도 전에 수세에 몰린다. 한때 바베르의 동맹이었던 세르 칸 수르에게 축출당한 것이다. 그는 피난을 떠난 지 15년 만에야 겨우 델리, 아그라, 펀잡 지역을 수복한다.

신흥 세력인 무굴의 야망은 당시 인도를 점유하고 있던 이슬람 기득권(터키, 아프가니스탄의 무슬림 귀족)의 견제를 받았다. 분열되긴 했어도 힌두 세력 또한 곳곳에 건재했다. 그러므로 계속 몰아치지 못하고 움찔하면

왼쪽부터 무굴 제국의 시조 바베르, 수성(守成)의 제왕 후마윤, 전성기를 연 아크바르.

밀려날 위험이 있었다. 후마윤은 그런 난세를 버텨내야 했다. 그런 그가 델리를 수복하고 얼마 지나지 않아 (이른 나이에 도서관에서 발을 헛디뎌) 실족사했으니 그의 최후는 선대(先代) 이상으로 허무하다.

이로써 무굴의 운명은 바베르, 후마윤이 아닌 아크바르의 손으로 넘어간다. 결국 아크바르라는 인물이 아니었다면 무굴제국의 운명이 어떻게 될지 누구도 알 수 없었다. 물론 최초의 발판을 놓고 그것을 지켜낸 선대의 업적도 위대하다. 다만 당시 인도에 초석을 놓은 이들은 한둘이 아니기에 영욕의 역사 속 무수한 왕조 가운데 하나로 남을지, 수백 년 이어갈 제국의 시대를 열지 운명을 가른 건 아크바르라고 볼 수 있다.

그 빛나는 결과는 파테푸르 시크리에 남아 있다. 아그라에서 약 43킬로미터 떨어진 이곳은 아크바르가 건설한 도시로 1585년 라호르로 옮길 때까지 무굴제국의 수도였다. 이곳엔 원래 사원으로 통하는 작은 문이 서있었으나 구자라트 정복을 기념하며 아크바르가 기존의 작은 문을 허물고 불란드 다르와자(1570년)를 짓게 했다. '불란다'는 거대함, '다르와자'는 문이란 뜻한다.

이름 그대로 이 개선문은 세계에서 가장 높은 문이다. 무굴제국의 예술을 집대성하며 무굴의 세력 확장과 아크바르의 힘을 기념했다. 문까지 이르는 높은 계단은 총 42개 계단에 12미터 높이고, 여기에 돔형의 테라스가 있는 문 자체의 높이가 약 40미터에 달하는데, 도합 그 높이는 15층의 대형 건물에 해당한다. 무굴 건축 양식의 특징을 잘 드러내는 상징적 건축물로 힌두와 이슬람 등 여러 문화를 한데 아우르는 혼합 형태가 특징이다[4].

이러한 혼합 건축 양식은 넓은 제국을 아우를 지도자로서 아크바르의 성격, 종교적 신념, 삶의 철학 등을 나타낸다. 특히 불란드 다르와자에 새긴 글귀들은 그런 면모를 유감없이 드러낸다. 그 속엔 코란의 일부(찬가)와 전쟁의 승리를 묘사한 치적을 다룬 글이 있는가 하면 심지어 성경에서 비롯된 구절까지 포함되어 있다. 적색(赤色) 사암이 바탕이 되니 이러한 글귀가 돋보이게 하기 위해 흰 대리석을 사용했다. 이때부터 글씨를 새기기 위해 대리석을 사용했다고 한다. 전체적인 모양새 역시 특징적인 면모를 보여주는데, 설계상 정문은 부각되고 측면의 문들은 접은 듯 작게 보이는 효과가 있다. 또한 문의 뒤편은 웅장하고 화려한 정면과 다르게 매우 소박하다. 사원으로 연결된 만큼 균형을 맞춰 최대한 검소하게 만들어진 것으로 보인다.

아크바르는 북인도의 불안한 입지를 공고히 하고, 마침내 인도 전역으로 진격해 점차 영토를 확장해 나간다. 삼대의 야망이 실현되는 순간이다. 이

---

4. 문의 외부(정면)은 힌두 양식인 상인방(上引枋) 건축 양식이지만 그 내부로 들어가면 이슬람 양식의 아치가 나온다. 기둥을 덮은 캐노피는 힌두 라지푸트의 건축 양식이고 돔은 페르시아와 이슬람의 건축 양식이며 첨탑은 터키 양식이다.

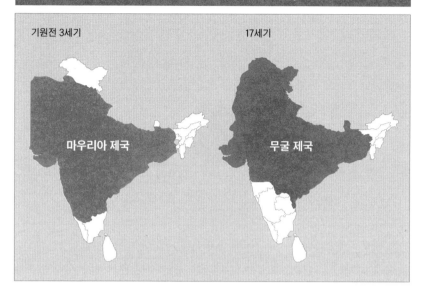

제국의 비교(마우리아 對 무굴)

기원전 3세기   17세기

마우리아 제국   무굴 제국

로써 선대의 업적도 빛을 발한다. 바베르는 선지자로, 후마윤은 위기를 극복하고 뜻을 이어나간 인물로 기록된다. '아크바르'는 그 이름 자체로 위대함을 뜻한다.

무굴 삼대는 이런 생각이 들게 만든다. 지금 당장 빛나면 좋지만, 후대가 빛날 수 있을 토대를 다지면 언젠가 모두 같이 빛나는 것이다.

천년의 고독

"삶은 때로 먼 길을 원합니다. (중략) 비 오는 밤의 음악입니다." 영화 〈접속〉에 나오는 라디오 디제이의 멘트다. 문득 영화에 흘렀던 벨벳 언더그라운드의 〈페일 블루 아이즈〉가 떠올라 찾아보았다. 무관해도 썩 잘 어울린다. 아크바르 대에 제국의 기틀을 마련한 무굴 제국은 이제 낭만 황제의 시대로 접어든다.

"그대가 날 두고 먼저 가다니…" 무굴 제국의 5대 황제 샤자한(1628~1658년)은 뜨거운 눈물을 주체하지 못한다. 총애하던 왕비 뭄타즈마할이 불과 39세의 나이에 사망하고 만 것이다. 열네 번째 자식을 낳던 중이었다. 산후조리를 잘못해서 죽었다는 이야기도 있지만, 수많은 왕비를 뒀음에도 뭄타즈마할을 각별하게 아낀 나머지 자신의 험난한 원정(遠征) 행렬에 매번 동행하게 했던 것이 문제였다고도 한다.

뭄타즈마할의 죽음을 안타까워한 샤자한은 세상에서 가장 아름다운 무덤을 짓기로 한다. 이를 위해 세계 각지의 기술자를 불렀고, 전국의 인부와 대리석을 끌어 모아 무려 22년간에 걸친 대역사(大役事)를 진행한다. 감성

아그라 타지마할.

샤자한과 뭄타즈마할.

적인 황제는 반대로 슬픔에 젖은 권력자가 어떤 식으로 만백성 모두를 슬프게 할 수 있는지 보여준다. 그가 사랑과 피로 물든 양극의 붓을 휘두른 결과 아그라의 타지마할이 완성된다.

수많은 사람들이 피와 땀을 바치고, 그보다 아름다운 건축물을 만들지 못하도록 완공 후에는 인부들의 손목을 자른다. 황제의 사랑과 아름다움에 대한 대가는 너무나도 컸다. 전설에 의하면 타지마할 뒤를 흐르는 야무나 강을 사이에 두고 같은 모양의 흑색 타지마할도 존재했다고 하는데, 이는 근거가 부족한 이야기로 아마 그것은 타지마할의 그림자였을 것이라고 추측한다. 아무튼 흰색의 타지마할은 희대의 걸작으로 남는다. 이슬람, 터키, 페르시아, 인도 건축의 총화(總和)다.

하지만 낭만을 다수의 피로 물들인 황제의 말로는 다소 비참했다. 왕위 계승을 두고 형제들과의 오랜 내전을 끝낸 그의 아들 아우랑제브 (1618~1707년)는 급기야 아버지를 유폐하여 감금한다. 마흔의 나이에야 대권을 이어받은 그가 권력에 집착했던 것은 사실이다. 하지만 아버지와 대조적으로 무자비하고 욕심이 많은 인물로 알려지는 그도, 결국 낭만의 이면을 보여준 아버지의 데칼코마니였을지 모른다. 인정사정 없이 잔혹한 정복 전쟁을 벌인 아우랑제브 대에 무굴 제국은 최절정기에 이른다. 여기서 흥미로운 점은 아들 아우랑제브는 샤자한이 총애한 뭄타즈마할의 셋째 아들이란 것이다.

총애하던 왕비의 아들은 아버지를 타지마할이 멀찍이 보이는 아그라 성에 가둔다. 아들에게 폐위당한 샤자한은 아그라 성에 감금된 채 남은 세월을 지냈다. 그는 그곳에서 죽을 때까지 타지마할을 바라보았다고 한다. 비오는 밤, 그리운 사람의 눈동자가 아른거리고, 멀리 살아서는 닿을 수 없는 사랑하는 이의 무덤, 자신의 걸작을 손끝으로 더듬으며 하루가 천년 같은 고독의 나날을 보냈을 것이다.

먼저 떠난 왕비, 자신을 밟고 선 아들, 부질없는 인생… 그는 과연 무슨 생각을 했을까? 그는 죽어서야 비로소 뭄타즈마할 곁으로 돌아간다.

CHAPTER
10

천상(天上)의 퓨전

염소와 코끼리의 퓨전

염소 '장인(丈人)' 다르샤를 기억할 것이다. 시바와 결혼한 딸 사티를 모욕한 죄로 머리가 달아나고 염소 머리로 바뀐 인물이다. 사티는 파르바티로 환생하여 다시 시바와 맺어진다. 시바, 사티, 다르샤의 이야기에서 어쩐지 익숙한 향기가 풍긴다. 시바, 파르바티, 가네샤의 이야기와 유사한 부분이 있기 때문이다. 가네샤(코끼리 神) 역시 시바에게 목이 달아났다. 시바 내외의 장인이냐, 자식이냐의 차이는 있지만, 대신 동물(코끼리)의 머리를 붙인 점은 같다.

시바와 파르바티 사이에 아기가 태어나고 공사(公私)가 다망한 시바는 장기간 출타했다가 오랜만에 집으로 돌아온다. 그런데 시바가 너무 오랜만에 귀가하다 보니 아기는 아버지의 얼굴을 알아보지 못한다. 마침 아기는 어머니 파르바티가 목욕 중이라 문 앞을 지키는데, 뭇 남자가 들어오려 하니 아버지인 줄도 모르고 길을 막아 선 채 들어가지 못하게 한다. 성마른 시바는 분노해 아기의 머리를 베어 멀리 던져버린다. 이를 알게 된 파르바티가 가만히 있을 리 없다. 내 아기를 살려내라고 다그치니 시바는 조급한 마

시바네 가족.

음에 가까운 곳을 지나던 코끼리의 머리를 베어 붙여준다. 이것이 가네샤의 탄생 신화다.

원래 전래되는 신화 전설 간엔 유사성이 있고, 하나의 이야기가 여러 버전으로 전해지기도 한다. 그러나 인도의 신화와 전설이 놀라운 점은 그 광범위한 이야기들이 하나의 세계관, 우주적 질서, 체계와 규칙, 일관성 속에 정교하게 맞물려 있다는 것이다. 이것이 가능한 것은 일관된 사상과 철학을 가졌기 때문이다. 덩치가 크지만 날렵한 사람을 보는 기분이다.

또한 그것은 다양성에 놀랍도록 유연하고 포용력이 넘친다. 웬만한 건 그 품에 안을 수 있는 논리를 지녔다. 모두가 신(神)이고, 그 신은 인격화되며, 신의 일부가 또 신이 되고, 신도 죄 짓고 실수하며 반성한다. 신도 환생하고 심지어 동물의 얼굴로 뒤바뀌기까지 한다. 여기서 모든 것이 포함되고, 자유롭게 넘나들며 섞인다. 인도식 퓨전의 극치가 발휘되는 것이다. 그 퓨전에서 비로소 인도의 정체성을 이해하게 된다.

가령 인도의 퓨전을 모른다면 이런 결과가 생긴다. 식민지 시대 영국은 중세의 유적지를 두고 힌두와 무슬림의 갈등을 조장하기 위해 노력했다. 이 유적지가 누구의 것이냐를 통해 양측을 이간질하고, 하나의 힘으로 대항하지 못하게 하려던 것이다. 실제로 분쟁이 촉발되기도 했다. 하지만 결국 인도인들은 외칠 것이다.

"이건 힌두도 이슬람도 아닌 인도 양식이요!"

다른 신(神) 하나의 믿음

인도의 다양성과 퓨전에 대한 화두는 주로 '인도인 대 외국인'의 관점에서 바라볼 수 있겠지만, '인도인 대 인도인'의 관점에서 보아도 못지않게 흥미롭다. 실제 매일 그 혼돈 속을 살아가는 건 우리가 아닌 인도 사람들이다. 심지어 한 가족, 부부지간이라도 능히 그런 상황이 연출될 수 있다.

"여보, 제 신앙도 존중해 주세요."

무굴제국의 아크바르가 세상을 호령하던 16세기, 마디아프라데시 주 오르차의 왕이던 마두카르 샤는 독실하게 크리슈나를 섬긴 인물이다. 하지만 그 왕비인 가네쉬 쿤와르는 람의 신자(信者)였다. 람과 크리슈나 모두 비슈누의 화신이니 비슷한 듯해도 엄밀히 그 믿음의 세세함엔 차이가 있다.

순례의 시기가 다가오고 부부 사이엔 언쟁이 붙는다. 항상 남편 뜻대로 크리슈나가 어린 시절을 보낸 브린다반으로 순례를 갔던 왕비가 이번엔 람의 아요디아로 가자고 한 것이다. 마침 아요디아에서 축제가 열릴 참이다.

"한번만 아요디아로 가주시면 안 되겠어요? 꿈속에 람이 나타나셨답니다."

왕은 크게 화를 낸다. "왕비, 난 항상 당신의 믿음에 간섭한 적 없건만. 이번엔 도가 지나치구려!" 매년 남편의 뜻대로 했으니 한번쯤 양보하는 게 그리 화낼 일일까? 왕비의 입장도 이해가 간다. 반면 왕의 믿음이란 사실상 국교(國敎)이고 백성에게 큰 영향을 끼치니 개인의 믿음을 초월한 무게가 있다. 정치적으로 민감한 문제가 될 수 있는데, 왕과 다른 개인적 신앙을 가진 것을 넘어 순례지까지 바꾸자니 왕은 왕대로 그럴 만하다. 이런 의미도 있다. 신께 예배를 드릴 때 인도 여성들은 보통 예를 갖춰 가장 화려한 복장과 장신구로 치장을 했는데 정성은 갸륵하지만 허례허식의 측면도 있다. 그러나 왕국이 크리슈나를 섬길 경우 여성들은 그의 첫사랑인 라다를 기리며 시골 처녀처럼 수수한 옷차림을 한다는 것이다. 믿음이 검소해지는 것이다.

"당장 궁에서 나가시오! 혼자 맘껏 아요디아로 가시오!"

"여보!"

"그대가 람의 신자라면 어디 그곳에서 어린 람이라도 한번 데리고 돌아와 보시오. 그러지 못하면 절대 돌아올 생각도 하지 마시오!"

이는 분노와 함께 믿음에 대한 조롱까지 섞인 것이다. 어떻게 람을 데려올 수 있겠는가? 중세의 부부 관계도 크게 다를 바 없다. 왕은 아내가 많았지만 둘 사이는 원래 각별했다. 하지만 언쟁에서 별거까지 금슬 좋던 부부 사이도 믿음의 차이를 극복하지 못하고 큰 균열이 생기고 만다.

왕비는 아요디아로 떠난다. 그런데 거의 모든 사원(5000여 곳)을 찾아다녀도 끝내 람을 찾지 못한다. 현자들에게 수소문해 보았지만 그 또한 소용없다. 좌절한 왕비는 의욕을 잃고 주저앉으려 한다. 왕국으로 돌아가 믿음에 대한 조롱을 되갚고 싶지만 길이 보이지 않는다.

절망한 왕비는 사라유 강에 몸을 던지려 한다. 그런데 두 번이나 몸을 던지지만 강은 두 번이나 그녀를 돌려보낸다. 삼 세 번, 꿈은 간절할 때 비로소 이루어진다던가? 세 번째 몸을 던지며 왕비는 외친다. "날 죽게 내버려 두시든가, 아니면 내 앞에 나타나주십시오!" 그러자 비로소 신상(神像)의 모습을 한 어린 람이 눈앞에 나타난다. 람이 말한다. "왕비야, 나를 데려가고 싶으냐?" 왕비는 감격의 눈물을 흘리며 고개를 끄덕인다. "좋다. 대신 세 가지 조건을 들어다오."

"먼저 내가 원하는 별자리가 보일 때 너와 함께 가겠다. 그리고 내가 오르차의 왕이 될 것이다. 마지막으로 나를 앉히는 곳이 곧 내 마지막 안식처가 될 것이다." 신(神)의 왕림(枉臨)이니 왕비는 남편의 허락 없이 곧바로 답한다. "뜻대로 하소서. 무엇이든 그 뜻대로 될 것입니다." 그러자 비로소 신은 아이처럼 왕비의 품에 안긴다.

사실 이는 인도의 역사 그리고 신의 재림(再臨)과 연결된 상징적 일화이기도 하다. 일찍이 16세기 초 무굴제국의 국부(國父) 바베르가 침공했을 때 이곳의 람의 사원을 모조리 파괴했는데, 람의 신상(神像)만은 끝내 찾아내지 못했다. 한 신자가 미리 예감하고 신상이 훼손되지 못하도록 사라유 강속에 숨겼고, 왕비는 반세기가 흘러 그 신상을 발견한 것이다. 람의 새로운 보호자를 찾은 셈이다. 왕비는 부왕(夫王)에게 그 소식을 알리고, 마두카르 샤는 그들을 맞을 준비를 하는데, 그렇게 세워진 사원이 차투르부즈 사원이다. 람의 요구에 따라 귀향길에 오른 왕비는 9개월 여 만에 오르차에 당도한다.

사원은 궁전의 창문으로 보이는데, 왕과 왕비는 람을 사원에 모시고 그 창문을 통해 신을 바라보고자 했다. 그런데 람은 화려한 사원을 두고 계속 왕비의 부엌에 머문다. 마두카르 샤가 만들도록 지시한 사원이 채 완공되지 못한 탓에 왕비는 람의 신상을 부엌에 모셔둔 것인데, 사원이 완성되고도 사원으로 옮기지 못한다. 신상을 옮기려 하자 람이 말한다. "약속하지 않았느냐, 내가 앉는 곳이 최후의 안식처다." 그러므로 오늘날까지 웅장한 사원은 비어 있고, 람의 신상은 왕궁의 부엌에 모셔져 있는 것이다.

람은 오르차의 왕이 된다. 왕좌에서 물러난 왕은 왕비에게 말한다. "당신의 소식을 듣고 비로소 내 잘못을 깨달았소. 크리슈나께서 꿈에 나타나 말씀하시더이다. 람과 크리슈나 모두 비슈누의 화신(化身)인데, 네가 어찌 감히 두 신을 구분하려 하냐고 말이오." 왕비는 실수가 아닌 필연이라며 왕을 위로한다. "내 그대에게 모진 말을 했소." 신의 재림으로 부부도 화해한다. "이제 람께서 우리 오르차의 왕이십니다." 신(神)은 부부 관계 컨설팅까지 해준 셈이다. 비온 뒤에 땅이 굳듯 부부는 평생 해로한다.

또한 신이 왕좌를 차지한 건 억울한 일이 아니라 그 누구도 상상 못할 축복을 받은 것이다. 그래서 이 일화는 금슬 좋은 부부 사이에 유일하게 아쉬웠던 아이를 얻은 이야기로도 해석된다. 상징적 이야기의 해석은 각자의 몫이다. 한편 당시 아요디아는 이미 몹시 황폐했는데 만인이 존경하는 람의 왕국을 더 마땅한 곳으로 천도(遷都)해주고 싶은 심정이 반영된 이야기라고도 본다. 람의 신상은 계속 궁전의 부엌에 자리하고 이제 그곳은 사원이 되었다. 대신 마두카르 샤 일가는 새로운 근거지(티캄가르)로 옮겨 그곳을 다스린다. 마두카르 샤의 영광과 명성은 두루 퍼진다. 원래 아요디아만이 람을 왕으로 섬기는데(다른 곳은 신으로 모신다), 이제 오르차도 람의 왕국이 된다. 오르차에서는 이후로 모든 공문서에 람의 이름이 적혀 기록된다고 한다.

서로 다르면 공존하다가도 다투기 마련이다. 인도의 다양성, 퓨전은 내적 갈등을 일으킬 소지가 있지만, 이렇듯 부드럽게 가다듬어진다.

신(神)의 별장

　그리하여 모두 행복하게 잘 살았다고 하고 싶지만, 믿음에 관한 의견 불일치의 일화는 이제 아버지와 아들에게 바통을 넘긴다. 남인도 타밀나두의 고대 왕국에 아버지와 아들이 살았다. 그들은 왕국의 대를 이어나갈 왕자와 왕손이었는데, 평소 부자는 비슈누에 대한 신앙을 두고 심하게 대립했다.

　그러던 어느 날 집에서 격렬한 논쟁이 벌어진다. 신앙심 깊은 아들은 비슈누 신이 세상 어디에나 있다고 한다. "심지어 이 벽에도 비수뉴 신이 거(居)하십니다." 그러자 믿음이 없던 아버지는 코웃음 치며 벽을 받친 기둥을 발로 걷어찬다. 신을 경멸하며 숭배를 거부한 것이다. "아버지, 신께서 노하십니다!" 그 순간이다. 사자 머리를 한 비슈누가 기둥에서 나타나더니 단숨에 아버지의 목숨을 취한다. 아들은 아버지를 대신해 곧바로 왕위를 계승하니, 믿음이 있는 자가 왕국을 다스리게 된다는 이야기다.

　그 손자가 사원을 건립하는데, 그곳이 바로 타밀나두 주 마하발리푸람에 있는 '해안(海岸) 사원'이다. 남인도의 이 힌두 사원은 비슈누와 시바 신을

해안 사원.

모신 곳으로 전설에 따르면, 이곳은 원래 일곱 개의 석탑이 존재했는데 사원의 아름다움을 질시한 인드라 신이 침수시켜 사원 대부분이 물에 잠기고 지금의 일부만 남았다고 한다. 석조 사원으로는 세계적으로 가장 오래된 인류의 빛나는 유산 가운데 하나다.

두 가지 전설이 공존하는 이곳엔 〈마하바라타〉의 흔적도 쫓을 수 있는데, 사원 곁엔 판두족 형제의 셋째 아르주나에 관한 아름다운 조각상인 '아르주나의 고행', 이름 그대로 판두족의 4륜 마차를 뜻하는 '판차 라타' 등이 있다. 각각의 석상(石像)엔 판두족 형제와 아내 드라우파티의 이름이 명명(命名)되어 있다. 이 석상들의 백미는 커다란 바위 하나를 통째로 조각했다는 점이다. 밖에서 안으로 깎아 들어가며 외부의 크고 작은 양각(揚角)을 조각하고 또 내부까지 조각했는데, 조금의 실수도 허용치 않을 석상들이 만들어진 건 이제 막 석조 건축으로 넘어가던 시대인 8세기 초(700~728년 사이)라고 전해진다.

그런데 이곳이 신의 마음엔 썩 들지 않은 모양이다. 사원이란 말 그대로 '신(神)의 집'이니 신이 휴식을 취할 안식처가 되어야 하지만, 그러기엔 너무 궂은 환경에 위치한 곳이다. 파도는 쉼 없이 밀려와 포말이 일고 바닷바람은 머리칼을 차디차게 뒤흔든다. 장관(壯觀)이지만 지금도 편히 쉴 곳으론 여겨지지 않는데, 인도에 지진 해일(2004년)이 닥쳤을 때 이 일대도 큰 타격을 받았다. 그런 까닭에 사원으로 인정받지 못한다고도 말한다. 기묘한 사실은 지진 헤일이 불어 닥칠 당시 '해안 사원'만큼은 피해가 덜 했다는 것이다. 그런 이야기를 들으면 이성과 논리의 눈은 잠시 감고 이런 상상도 해본다. '항상 머물진 못해도 신이 가끔 찾아와 바람을 쐬고 가는 별장으로 쓰는 건 아닐까…'

바다를 벗한 사원은 신화와 전설의 파도 속을 나부끼는 듯하다.

실화(實話)냐

바위 하나를 통째로 조각한다면, 점입가경(漸入佳境) 자연을 화폭 삼아 산 하나를 통째로 조각해본들 무방할 듯하다. 드넓은 캔버스에 그 정도는 되어야 신도 흡족할 것이다. 그 결과물 중에 하나가 카르나타카 주의 바후발리 조각상일 것이다.

바후발리(고마테슈와라)는 자이나교에서 경외하는 지도자로 해방된 자, 구원을 얻은 자로 여겨진다. 자이나교는 약 천여 년 전에 창시(創始)되어 인도에서 가장 오랜 종교 가운데 하나인데, 비폭력·불살생 등을 주요 원칙으로 삼고, 보다 엄격한 절제와 금욕을 강조한다. 바로 그 엄격함 때문에 다수 종교로는 성장하지 못했다. 그러나 신앙의 공통분모를 가진 인도인들로부터 널리 존중받는 종교다.

바후발리의 조각상은 그러한 종교적 자부심이 십분 발휘된 결과물이라고 하겠다. 소수 종교가 이런 웅장한 조각상을 만들 수 있는지 감탄하게 되는데, 인도의 정·재계 엘리트 중에서 자이나교 출신이 돋보인다는 걸 상기하면 이해가 된다. 소수 정예다. 조각상은 자이나교 순례지 가운데 우뚝 서

바후발리 조각상.

서 높은 곳에서 굽어보고, 사람들은 일대 어디서든 이 조각상을 우러러보게 된다. 판타지 영화 속에서만 존재할 것 같은 신기(神奇)의 모습에 절로 감탄을 내뱉는다. "이거 실화냐?"

조각상의 건축은 10세기(981~983년)경 강가 왕조의 장관 차문다라야가 주도했다. 제작에 무려 20여 년이 소요되었다. 일설에 따르면 그 이전에 이미 존재했다고도 하는데, 바후발리의 형 바라트가 세웠고, 오랜 세월 세인들에 잊힌 채 진흙 속에 덮여 있다가 차문다라야가 발견했다는 것이다. 일대는 자이나교의 종교적 중심지로 오랜 순례지고, 길을 인도받은 차문다라야가 황금 화살을 쏘아 산을 뚫자 조각상이 모습을 드러냈다. 초인적(超人的) 기념물에 어울리는 근사한 이야기다.

18미터에 달하는 조각상은 비단 크기만 아니라 자이나교의 건축 원칙으로 주목받는다. 자이나교 나체파(派)의 전통과 원칙을 따라 서 있는 명상 자세(카요트사르가)를 구현한 것인데, 바후발리는 구원받기 위해 일 년 동안 선 자세로 수행했다고 한다. 명상의 자세가 주로 가부좌(跏趺坐)로 표현되는 것과 차이가 있다. 이 나체상은 속세를 떠난 인간과 수도승들의 몰입된 명상을 상징하며 그 얼굴은 해방된 영혼의 평온함을 표현한다. 표정은 정교하고 섬세하다. 뛰어난 신체 비율은 특히 눈길을 끈다. 벌어진 어깨에 무쇠와 같은 팔을 가진 자다.

아마도 위에서 아래로 조금씩 바위를 조각해 나갔을 것으로 추측하지만, 구체적인 건축 방식에 대해서는 알려진 바가 없다. 누가 조각에 참여했는지도 앞으로 미스터리로 남을 것이다. 종교적 집념과 무명(無名) 석공들의 의지, 작가 미상의 위업이다.

바후발리 조각상과 같은 종교 유적을 보는 건 인도로 가는 사람들의 특권이다. 이색적인 종교 기념물 하나가 중요한 건 아니다. 신앙의 숲을 조망할 수 있다고 할까? 힌두교, 이슬람, 기독교, 불교, 시크교, 자이나교, 그리고 그 이외의 다른 신앙까지 세상의 거의 모든 종교를 인도라는 하나의 공간에서 만나는 건, 신앙의 유무를 불문하고 우리의 시야를 넓혀준다. 그 경험은 필시 스스로의 마음속에 일어날 거대한 퓨전이 되어 줄 것이다.

관능(官能)의 생존

카주라호 힌두 사원들 또한 퓨전의 극치다. 관능의 카마수트라로 잘 알려진 이곳의 사원에는 밀교(密敎)의 전통에 따라 성(性)을 통한 육체의 해방을 보여주는 흔적이 많이 남아 있다. 하지만 그 이면엔 먼저 정통 힌두 건축물로의 근본적인 가치가 있음을 주목해야 한다. 이슬람 시대에 힌두 사원은 약탈과 파괴의 대상이었고, 그 자리에 이슬람 사원이 세워지기도 했다. 인도의 길목에서 먼저 돋보이는 건 인도-이슬람 유적이니 보존된 전통 힌두 사원은 더욱 귀중하게 여겨진다. 카주라호는 그러한 아쉬움을 해갈할 곳이다.

10~11세기 찬델라 왕조에 세워진 이곳은 원래 85개의 사원이 군락(群落)을 이루던 곳으로 그 가운데 22개의 사원만이 현존한다. 전통 힌두 양식인 '바스투 샤스트라(바스투 예술)'의 원칙을 보여주는 단적인 사례다. 간단히 말해 사원을 위에서 내려다보면 브라흐마(창조)의 신성(神聖)한 세계가 중앙에 위치하고, 다른 여러 신이 둘러싼 모양새로 배치된 형태를 말한다. '바스투'에서 원(圓)은 만물에 대한 비논리적 접근, 사각형은 하늘과 신

카주라호 힌두 사원.

성한 영역을 나타내는데, 힌두교 사원 양식은 이렇듯 원과 사각형으로 구성된 정교한 건축물로, 캄보디아의 앙코르 와트[1] 등에서도 유사한 모습을 볼 수 있다.

　카주라호의 대표 사원은 칸다리야 마하데브 사원이다. '칸다리야'는 동굴을 의미하는데, 이곳은 시바 신(마하데브)을 섬기는 사원으로 인도 중북부를 통틀어 최고의 힌두 사원이다. 건물의 요소가 일정한 비율로 만들어진 프랙털(Fractal)의 개념이 돋보인다. 프랙털이란, 같은 모양을 한 여러 규모의 부분 구조물이 반복되어 쌓여 전체 구조물을 이루는 방식이다. 결국 하나하나의 세부 구조가 전체 구조와 동일한데, 이는 실제 자연이 크고 작은 무수한 닮은꼴들로 반복되어 하나의 전체를 이루는 것을 모방한 것이다. 칸다리야 사원은 중앙의 큰 돔을 중심으로 주변에 크고 작은 돔이 쌓이고 연결되며 위로 솟구친 모양새다.

---

1. 힌두 사원이었다가 불교 사원으로 바뀌었다.

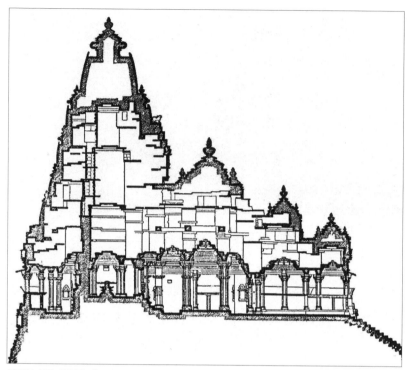

힌두교 사원 양식의 예.

　이는 히말라야 산맥을 묘사하는 것으로 사원의 돔은 각각 카일라스와
에베레스트 등 산봉우리다. 힌두교에서 히말라야는 신(神)들의 집으로 여
겨진다. 즉, 이러한 봉우리들은 세상의 가장 높은 곳인 동시에 신을 상징하
고, 사원의 조각들은 자연의 삼라만상(森羅萬象)을 표현해 명상의 절정 상
태를 묘사한다. 사원의 입구로 오르는 계단은 곧 히말라야 등반을 상징하
는데, 멀리서 바라보면 사원은 마치 자연의 일부, 멀리 산세(山勢)를 보는
것 같은 착시 현상을 일으킨다. 명상하는 인간 또는 신을 상징하는 구조물
로 수많은 현인들이 찾아온 곳이다.
　신비로운 의미도 품지만, 혁신적인 당대의 건축 기술을 담고 있는 곳이

다. 먼저 높은 지대에 토대를 다지고 그 위에 사원을 올리며 사원 내부의 깊은 곳에 성소(聖所)와 조각상을 안장했다. 전체적으로 삼각형을 이루며 사원의 모든 면은 삼각형의 등가(等價) 구조를 이룬다. 어느 위치에서 보든 큰 삼각형 형태를 이룬다. 또한 사암 건축물로 튼튼한 기반 위에 조각해 올린 구조물로 현재까지 거의 완벽한 상태로 보존되어 있다.

물론 지금까지 보존된 건 단지 훌륭한 기술 때문만은 아니다. 제아무리 완전한 건축물도 의도적인 파괴를 이겨낼 순 없다. 그간 이곳이 살아남을 수 있었던 건 지리적으로 도시에서 떨어진 곳이고, 숲 속에 가려 눈에 띄지 않았기 때문이다.

천년의 사원

한편 남인도는 우리가 주목해야 할 또 하나의 인도다. 이곳 또한 '바스투 샤스트라'의 원칙을 따랐는데, 북인도와는 다르게 원주민인 드라비다 문화권에서 비롯된 것으로 흔히 드라비디안 양식으로 부른다. 그 대표적인 사례가 남인도 타밀나두 주 탄자부르에 위치한 브리하디스와라 사원(여러 가지 이름이 있으며 Big Temple로도 불림)이다.

세워진 지 1000년이 넘은 곳(2010년이 1000주년이었다)으로 11세기 촐라 왕조의 라자 라자 촐라 1세(947~1014년)에 의해 세워졌다. 남인도를 호령한 제국 촐라는 450여 년간 이곳 일대를 통치하며 수도로 삼은 바 있다. 이후 이곳은 현재까지 남인도 종교, 예술, 건축의 중심지로 꼽힌다.

인도 고대 사원 중 가장 크며 촐라 왕조의 위세와 예술성을 빛내는 유산이다. 높이는 66미터로 시바 신을 모시며 무려 13만 톤에 달하는 화강암을 사용해 시바 신의 집인 카일라스 산을 표현했는데, 최상층의 돔은 신과 인간 세계의 경계를 뜻한다. 탑 내부에는 무려 약 4미터짜리 링가(남근상)가 안치되어 있다. 회랑에는 거대 우(牛)상이[2) 위치해 있고, 그 위를 장식하는

브리하디스와라 사원(빅 템플).

천장화는 독특해 흔히 '촐라 프레스코화'라고 부른다. 사원에 새겨진 조각은 그 비율을 통해 거대함을 상징하는데, 조각을 기준으로 세상을 바라볼 경우 사원은 높아 하늘 끝에 닿는 듯하다. 시바 신은 거대하고, 제국은 넓다는 걸 의미한다.

사원의 재료가 된 화강암은 조각이 어렵지만 내구성이 강한데, 화강암을 구할 수 없자 60킬로미터 거리에 있는 곳(티루치라팔리)에서 조달했다고 한다. 이것이 천년의 세월을 버텨온 비법으로 통하는데, 신기하게도 이 사원은 불과 7년 만에 완성되었다.

자연히 그 건축 방식에도 주목하게 된다. 먼저 석판(길이와 폭 1.2미터)을 세우고, 내부와 외부를 진흙으로 채운 뒤 그 위에 또다른 석판들을 세워 피라미드 형식으로 꼭대기까지 올린 뒤 조각공들이 위에서 아래로 조각하며 내려왔다. 내부의 진흙은 가장 마지막에 제거했다. 건축의 백미는 탑 끝에 위치한 80톤의 돔을 올리는 과정이었다. 일설에 의하면 이를 위해 길이 6킬로미터의 목재 경사로를 설치하고, 인력과 코끼리를 동원해 운반했다고 한다. 어쩌면 13세기 아버지를 구하기 위해 코나라크 태양 사원의 첨탑을 올린 아들의 기지(機智)도 이와 비슷한 원리가 아닐까 상상해본다.

2. 길이 6미터, 폭 2.5미터, 높이 2미터다.

쥐 어머니

〈마하바라타〉의 락샤그라하에서 판두족에게 살 길을 열어준 것은 쥐다. 그런데 쥐의 활약은 인도의 다른 곳에서도 이어진다.

15세기, 카르니 마타(리두 바이)란 이름의 여인이 있었다. 그녀는 태어나기 전부터 비범했다. 무려 2년 동안 어머니의 자궁에 머물렀던 것인데, 어머니는 딸을 초자연적인 존재로 여겼다. 그러나 시가(媤家) 식구들의 생각은 달랐다. 고대하던 아들 대신 딸이 태어나자 천한 감정을 이기지 못하고, 고모는 그녀의 머리를 쥐어박았다. 이후 고모의 주먹은 펴지지 않게 되었는데, 그녀가 다섯 살에 이르러 자초지종을 듣고나서야 정상으로 돌아왔다. 그때부터 모두들 그녀가 특별한 존재라는 걸 확신하게 된다.

그녀는 신비한 능력으로 사람들을 돕는다. 점차 그녀를 숭배하는 이들이 많아지고, 왕국의 통치자들도 그녀의 조언에 귀 기울이게 된다. 왕국의 정치, 외교 조언가인 그녀는 비카네르에서 조드푸르에 이르기까지 영향을 끼친다. 조다 왕국의 정권 수립을 도왔고, 조다의 아들 비카가 아버지에 맞서 비카네르 왕조를 세울 때도 도움을 준다. 비카가 조드푸르를 떠나 비카네

쥐 어머니 카르니 마타.

르로 향할 때 가장 먼저 만난 건 카르니다. 그녀는 지역의 유력자로 어머니신과 같은 존재였고, 그녀의 축복과 지지를 얻은 뒤에야 정권 수립을 진행한 것이다.

"백성을 아끼시는 한 이제 자신의 길을 걸어도 될 것입니다."

"그리 뜻을 함께 해주신다면 걱정하지 않고 한번 해보겠습니다. 저와 함께 가셔서 왕국의 초석(礎石)을 직접 놓아주십시오." 왕국의 자부심인 주나가르 요새는 그녀가 초석을 놓은 곳이다.

그녀는 왕국으로 가던 중 데시노크라는 곳에 정착했다. 물과 식량이 부족한 척박한 땅의 작은 마을이었던 곳인데 그녀는 그곳을 도시로 번성시킨다. "지금은 황량한 곳이지만, 곧 그 누구도 그 과거를 모르게 될 것이네." 자원이 부족한 곳이기에 인내심을 가지고 환경을 조성했다. 적당한 토지에 풀을 심어 식물이 자라게 했고 가축을 풀어 목축업을 발전시켰다. 식물의 열매 또한 주민의 식량이 되었다. 마른 사막을 목초지로 가꾸고 무(無)에서 유(有)를 창조하는 데 성공한 것이다.

그녀는 혜안(慧眼)을 지닌 인물이었다. 사람들은 이런 그녀를 존경하며 지상에 내려온 여신으로 모셨다. 무엇보다 그녀는 모든 사람을 자식처럼 아꼈다. 기적 이전에 현명하고 지식이 풍부했으며 따뜻한 애정을 지니고 있었다. 비범한 인물이었지만 그녀가 정말 신(神)의 화신이었을까? 세상 모두를 자식처럼 여긴 그녀는 결혼을 했지만 남편에게 고한다. "전 자식을 낳고 가정을 꾸릴 수 없습니다. 전 모두를 이롭게 하기 위해 이 세상에 왔습니다." 그러면서 남편에게 자신의 동생과 결혼해 일가(一家)를 이루라고 했다. 남편 또한 그녀의 비범함을 알아 그 말에 따랐으니, 이미 사회 관습이나 당시대 여성의 지위를 초월한 걸물이었다.

하지만 그녀 역시 큰 시련을 겪게 된다. 그녀는 친자식 대신 조카 라칸을 자식처럼 여기며 함께 살았는데, 불운하게도 그가 강에 빠져 익사하고 만 것이다. 그녀는 라칸의 시체를 동굴로 데려가 식음을 전폐하고 그 누구의 출입도 금한 채 스무하루 동안 명상을 거듭한다. 죽은 조카를 돌려받기 위해 죽음의 신을 대면한 것이다.

숭배의 결과인지 여기서부터 카르니의 이야기는 더욱 신격화된다. 죽음의 신을 대면한 그녀는 말한다. "아직 이 아이는 죽기에 이르다." 이에 신이 답한다. "그걸 결정하는 건 그대가 아니다. 태어난 자는 반드시 죽고, 그것이 삶의 법칙이다." 하지만 그녀는 완강하다. "당신은 인간의 마음을 모른다. 이 아이를 비롯해 모두가 나의 자식이다. 내 자식은 단 한 명도 그대가 데려갈 수 없다. 앞으로 영원히 그럴 것이다. 그들이 죽으면 모두 쥐로 환생(還生)하고 그 쥐가 다시 인간으로 환생할 것이다!" 그 이후로 일대의 사람들은 인간의 삶을 살다가 죽으면 쥐(카바)로 환생한다고 믿게 된다.

범상치 않은 능력의 소유자로 도시 개발의 천재였던 그녀는 라자스탄 비카네르와 조드푸르 등지에서 숭배되고 있다. 비카네르에서 30킬로미터 떨어진 데시노크에는 카르니 마타 사원이 있는데, 공교롭게도 그곳은 쥐가 들끓어 쥐의 사원으로 불린다. 이곳엔 엄청난 수의 쥐들로 넘쳐난다. 사람도 겁내지 않고 자유롭게 돌아다닌다. 사람과 쥐의 발길이 끊이지 않는 명소다. 사원 밖에는 쥐들이 없고 사원 안에만 머물며 바깥에 전염병이 창궐해도 이곳의 쥐들은 한 번도 질병을 일으키지 않았다고 하니 신기한 일이다. 사람들은 여신이 만든 특별한 쥐라고 하는데, 심지어 쥐가 남긴 잉여물을 먹으면 모든 병이 치유된다고 믿는다.

일종의 보시(布施)처럼 실수로 쥐를 죽이면 그 속죄로 쥐의 무게만큼의 금을 바쳐야 한다는 믿음도 있다. 인도에서도 일부의 믿음일 뿐이지만, 인간이 쥐로 다시 태어나고, 쥐가 인간으로 다시 태어나는 운명을 믿는 것이다.

두 개의 무덤이 보여주는 퓨전

문화의 발전은 문화와 문화 간 경계에서 이뤄진다. 하나의 문화 그 자체로도 성장하지만, 이질적인 문화 간의 접점(接點)에선 그 진폭이 크다. 그것을 갈등과 충돌로 표현할 수 있으나, 갈등과 충돌이 곧 변화의 기폭제다. 그리고 인도는 그 자체로 폭발을 거듭하는 거대한 퓨전 덩어리다. 대자연 속 기이한 절경이 그렇듯, 인도의 문화유산도 장시간에 걸쳐 매우 다양한 (문화적) 토양이 섞이고 충돌하며 퇴적되어온 결과물이다.

시대, 지역, 종교 등에 따라 각각 두드러진 차이를 보이고, 그 경계선에서 섞이고 공존하며 새로운 것이 나오며, 시간이 갈수록 질적 깊이를 더해 원숙미를 뿜낸다. 인도 도처에서 그 성숙한 아름다움을 목격한다. 이 대목에서 '왜 인도의 현대 건축물은 옛 것보다도 못하냐'는 의문의 답도 어렴풋이 구할 수 있을 듯하다. 지금의 건축물은 현재를 살지만 오랜 건축물은 긴 세월을 살아남은 것이다.

한편 현재 인도를 상징하는 문화유산 가운데에는 유독 이슬람 유적이 많아 보인다. 그러나 엄밀히 말해 그건 인도-이슬람 유적이다. 인도에 사는

주나가드의 바하우딘의 묘.

이슬람교도가 인도-무슬림으로 다른 이슬람 국가의 무슬림과 문화적 차이를 보이듯, (터키가 그렇듯) 이슬람 유적이라도 인도의 것은 다른 곳과 차이가 있다. 마침 구자라트 주 주나가드에 그 좋은 예가 있다.

수 세기 동안 이슬람이 지배한 주나가드엔 바하우딘과 마하바트 두 개의 무덤[3]이 있다. 흔히 인도-이슬람 건축 양식의 무덤이라면 아그라의 타지마할, 타지마할의 원형인 후마윤의 묘(墓) 등이 떠오르는데, 이미 이들도 인도의 기반 위에 터키, 페르시아, 이슬람 건축 양식을 혼합했지만, 주나가드의 무덤들은 이보다도 더 특이하다.

---

3. 마하바트는 마하바트 2세와 3세의 무덤으로 1880~1892년 사이에 지었고, 바하우딘은 바하우딘 바하이의 묘로 1891~1896년 사이에 지었다.

먼저 바하우딘은 둥근 돔(굼바스)과 네 개의 첨탑(미나르)의 인도-이슬람식 무덤 특유의 형태에 기둥으로 받친 캐노피는 라지푸트(힌두) 양식을 가미했다. 돔과 첨탑은 하늘과 대기를 상징해 네 개의 첨탑이 의미하는 건 네 모서리 안에 세상을 품는다는 뜻으로 첨탑의 높이, 비율 등 모든 요소는 이를 감안해 설계되었다. 여기에 더해 첨탑의 외부에 나선형 계단을 두었는데, 계단에서 본당(本堂)을 감상할 수 있음은 물론 무덤 전체의 균형감에도 변화를 주었다. 나선형 계단은 특히 흥미롭다. 첨탑을 휘감은 좌우 계단의 방향이 각기 달라 한쪽의 계단은 시계 방향, 다른 쪽 계단은 반시계 방향으로 돈다. 균형감을 유지하면서도 독특한 대칭의 미를 구현한 것이다.

마하바트는 압축미가 돋보인다. 같은 모양의 크고 작은 지붕이 적층(積層) 되어 올라가는 방식인데, 이는 사실 힌두교 사원에서나 볼 수 있는 형태다. 그 아래를 받치는 대리석과 화강암의 높은 기둥과 아치는 유럽의 고딕 양식이며 건물 외벽의 조각은 그리스 로마 양식에서 볼 수 있는 것이다. 게다가 은(銀)으로 장식된 내부의 문은 흡사 남인도 사원 양식과 같고, 묘 안쪽으로는 유럽(이탈리아)과 터키의 영향을 받은 장식과 세공이 가미되어 있다.

이처럼 두 개의 무덤이 혼재된 양식에도 어색함 없이 당연하듯 질서를 유지하며 하나의 건축물로 보이는 것은 그야말로 퓨전의 백미다. 이것을 가능케 했던 건 지리적 여건이었다. 고대로부터 외부와의 교류를 이어온 주나가드는 마우리아, 칼링가, 굽타, 라지푸트, 무굴 시대를 거치는 사이, 내국인 외에도 그리스인, 페르시아인, 터키인 등의 손길을 거쳤다는 점은 주목할 만하다. 이곳이야말로 인도라는 요리에 어떤 재료가 들어갔는지, 첨가된 향신료는 무엇인지, 그 맛의 비결을 알려준다.

기둥의 삼중창(三重唱)

　일단의 영국인들이 머리를 싸매고 있다. 그들은 오랜 신비를 풀어보고 싶고, 실험을 위해 기둥 하나를 절단한다. 그럼에도 비밀은 알아내지 못하고, 오히려 귀중한 유산만 훼손된다. 신비에 대한 탐구심은 필요한 일이다. 그러니까 인류는 발전한다. 그러나 바로 그 때문에 비탈라 사원의 악(樂)기둥은 더이상 연주가 불가능해졌다. 인도엔 풀 수 없는 신비가 많고, 그렇기에 더더욱 인도답다.

　14세기 비자야나가르 왕국의 수도 함피는 매우 풍요로운 도시였다. 퉁가 강과 바드라 강이 합류하는 퉁가바드라 강 강변에 위치한 곳으로 (중국 베이징에 이어) 가장 큰 중세(中世) 도시였고, 유럽과 페르시아 등 수많은 상인과 여행자들이 발자취를 남긴 곳이다. 현재 인도 카르나타카 주에 있는 함피는 문화유산의 보고(寶庫)다. 그중 비탈라 사원은 도시 전체가 세계 문화유산인 함피에서도 돋보인다. 이곳은 비슈누 신을 숭배하는 사원인데, 비탈라 역시 비슈누의 화신으로 그는 주로 인도 중부에서 숭배한다.

　15세기 사원이 건립된 당시(데바라야 2세 통치기, 1422~1446년)였다. 비탈라가 이곳에 초대받아 하룻밤을 머물렀는데, 사원이 너무 아름다운 나머지 편히 머물 수 없는 것이다. 결국 비탈라는 이곳을 떠나 자신의 집으로 돌아간다. 당시 인도의 신계(神界)엔 이미 '김영란법'이 존재한 모양인데, 접대에 민감하거나 검소한 신에게 너무 부담스러운 것이다.

레파크시의 기둥도 진귀하지만, 이곳 비탈라 사원의 기둥도 못지않다. 이 기둥들은 두드리면 악기처럼 일정한 소리를 내는데, 기둥마다 각기 다양한 여러 음이 나와 음악을 연주할 수 있는 것이다. 이른바 악(樂)기둥이다. 사원에는 각기 크기와 모양이 다른 기둥이 56개가 있다. 모두 단단한 화강암으로 만들어지고 속도 비어있지 않다. 다시 말해 여느 악기처럼 속의 울림으로 소리를 내는 것도 아닌 것이다.

기둥은 구체적으로 일곱 가지의 음(音)을 낸다. 도에서 시까지의 음과 더불어 여러 가지 고유의 음이 포함된다. 이러한 음을 내기 위해 사용된 돌은 크게 세 가지 종류의 음색을 가졌는데, 마치 남성 베이스, 여성 소프라노, 그리고 그 둘 사이 중성 소리 같다고 한다. 그것을 구분해 남성석(石), 여성석, 중성석이라고 부른다. 남성석은 종처럼 울림이 깊은 소리를 내고, 여성석은 부드러운 소리를 내며 중성석은 비대칭으로 두 소리의 조화를 이끌어낸다. 돌의 삼중창 같은 것이다.

기둥은 고유의 음을 낼 뿐 아니라 다른 기둥을 진동시키고, 그 소리가 화음(和音)을 이뤄 음악이 된다. 사원에서 제사나 의식을 치르면 이 기둥들과 다른 악기를 조화시켜 음악을 연주했으니 상상만으로도 아찔한 일이다. 근현대(近現代)의 콘서트홀에 대해서도 건물의 천장, 내부 공간 구조 등이 음악 연주에 끼치는 영향을 자주 이야기하지만, 건물 자체가 직접 음을 내니 매우 독창적이다. 건물 자체가 악기인 것이다.

그 비밀에 대해서는 역시 밝혀진 바가 별로 없다. 아무리 훌륭한 도구와

함피의 악기둥, 비탈라 사원.

기계를 써도 정과 끌로만 만들었을 이 악기둥을 재현하긴 어렵다. 기둥을 만들 때 길이, 직경, 표면을 가공해가며 음을 조절했을 것으로 보이는데, 그 말인즉슨, 실패하면 다시 처음부터 만들어야 하고, 맘에 들지 않는 원고나 악보를 불태우는 일 정도는 아무것도 아닐 정도로 무수한 시행착오를 거친 집념의 산물이라는 걸 의미한다.

비자야나가르는 16세기 무슬림 술탄국의 연합에 의해 정복된다. 이때 함피 역시 파괴되어 폐허로 남는다. 그러나 남겨진 폐허만으로도 여전히 매력적인 곳이다.

신화(神話)와 전설(傳說), 모든 곳에

인도는 모든 곳에 신화와 전설이 있다. 어느 곳이든 가는 곳마다 각기 오 랜 이야기를 품고 있다. 만약 이곳에서 지름길을 찾는다면 우린 현란한 이야 기의 미로 속에 헤맬 것이다. 오랜 신(神)의 거처인 이곳은 곧 천상(天上)의 집인데 무엇이든 즉답을 피하듯 수수께끼 같은 이야기들로 가득한 건 당연 하다.

이 글에선 그 이야기들을 다뤘다. 내친 김에 그 무대가 된 장소들도 소개 했다. 전해지는 이야기가 많고 전하고 싶었던 이야기도 많았다. 오랜 설화, 신 화와 전설, 유명한 서사시 속 일화도 있고 비교적 가까운 역사가 품어온 이 야기도 있다. 인도의 정사(正史)보다 인도인들이 더욱 탐해온 이야기들이다. 태어나 듣고 평생을 읽고 외우며 전해온 이야기들이기도 하다.

모호한 얘기들도 적지 않다. 그러므로 모두 사실로 믿으라는 것은 아니다. 그럴 수도 없을 것이다. 어찌 보면 역사적 사실만 추려내기엔 인도는 너무나 오래된 곳이다. 이미 설화와 같은 나라, 전설과 같은 장소이며 오랜 이야기의 보고다. 드넓은 인도는 상이(相異)한 문화의 다양한 유적지가 공존하고, 발

길이 닿는 곳마다 그곳에 얽힌 무수한 이야기를 접하게 된다. 때론 두서 없게 느껴지는데, 겹치고 상충하는 이야기들도 부지기수다. 이 글에 포함된 에피소드들 역시 세세하게는 각기 다른 여러 버전의 이야기가 전해지기도 한다. 그런데 그러한 이야기가 모여 하나를 이루는 곳이 곧 인도다. 그 이야기를 들으면 가끔은 신(神)과 인간(人間)의 경계가 모호해지고, 현실과 환상이 뒤섞인다. 어디까지 받아들여야 할까?

다만 그 이야기들이 상징하는 바를 보면 된다. 인도인들도 그랬다. 무조건 믿는가 하면 그 의미만 새겨듣는다. 역사는 '팩트'가 중요하다지만, 꼭 그렇지 않을 수 있다는 걸 인도에서 알게 된다. 이야기를 먹고 자란 인도다. 때론 그 의미가 모호하고 명쾌하지 않지만, 인도의 이야기들은 있는 그대로 기술한 역사보다 더 큰 영향력을 발휘한다. 그것을 차근히 음미하면 멀게만 느껴지던 인도도 한층 가깝게 다가오리라 믿는다.

가만 보면 우리를 포함한 세계 문화와 동질감을 느낄 부분도 상당하다. 인도는 다르다. 하지만 혹여 우린 지나치게 인도를 멀게만 느끼는 것 아닐까 생각해 본다. 인종, 언어, 종교 어느 것 하나 공통점이 없다며 선을 긋고, 혹자는 모조품이라며 문명의 우열을 거론한다. 하지만 그 누가 반만 년의 시간을 논공행상(論功行賞)할 수 있을까? 신화와 전설엔 우열(優劣)이 없다. 오히려 그들의 이야기 속에도 우리와 유사한 면모가 있으니, 통하는 부분이 있다면 그 부분을 교감해야 옳을 것이다. 어쩌면 전에 없던 신선한 영감도 받을 수 있지 않을까? 거기서부터 우리와 인도의 새로운 이야기도 앞으로 더 나아갈 수 있다.

때때로 이야기를 하는 인도인들의 표정을 주의 깊게 살펴보곤 한다. 입에 침이 마르도록 이야기하는 그들의 표정은 진지하면서도 밝다. 가만 보면 그 모습엔 사랑이 넘친다. 인류의 영원한 소재가 그렇듯 인도의 이야기는 사랑이 가득하고, 인도 방방곡곡 모든 곳에 신(神)이 거하듯 천 년 만 년 사랑이 살아 숨쉰다. 그리고 인도 사람들은 자신들이 사랑하는 이야기를 하나라도 더 이야기하고 싶어 한다. 그러니 그 이야기를 알면 얼마나 좋을까? 나름 느끼는 바가 있다. 인도를 이해하기 위해 하해(河海)와 같이 깊고 넓은 경전도 좋고, 심오한 철학을 논해도 좋다. 역사의 교차점을 찾아도 좋고, 앞으로의 일을 도모하며 현실 비즈니스의 '기브 앤 테이크'를 고민하는 것도 좋다. 그런데 그 화두에 이와 같은 이야기부터 꺼내도 좋을 듯하다. 길게는 수천 년간 이어진 이야기들 덕분에 인도인들과 스스럼없이 친해질 수 있다.

인도를 가는 이유는 결국 인도를 알기 위함이다. 여행이나 순례를 떠날 수 있고 유학이나 출장 길에 오를 수도 있다. 그리하여 어떤 곳에 이른다면 결국 이야기를 좀 더 알고 왔다면 좋았을 것이라는 아쉬움도 남을 것이다. 그건 필자의 아쉬움이기도 했다. 그곳에 가면 이야기가 있고, 이야기를 알면 그곳이 보인다. 하지만 그곳 또한 인도의 부분일 뿐이다. 전체를 경험하면 비로소 인도의 전모(全貌)를 알게 되겠지만, 환생을 거듭하는 여행자가 아닌 이상 이 생애에 인도의 모든 곳을 가보기란 어렵다. 그런 의미에서 이 글 또한 미약하게나마 여러분의 인도 이야기에 단초(端初)가 되길 바라는 마음이 있다.

인도, 천년의 사랑을 담아…

인도는 이야기다

저　자 | 鄭仁采
펴낸이 | 趙甲濟
펴낸곳 | 조갑제닷컴
초판 1쇄 | 2019년 1월 30일

주소 | 서울 종로구 내수동 75 용비어천가 1423호
전화 | 02-722-9411~3
팩스 | 02-722-9414
이메일 | webmaster@chogabje.com
홈페이지 | chogabje.com

등록번호 | 2005년 12월 2일(제300-2005-202호)

ISBN 979-11-85701-59-2 03910

값 13,000원

*파손된 책은 교환해 드립니다.